KB169524

조선 사람들의
동행

규 장 각
교양총서
—— 015

조선 사람들의 동행

군신, 사제, 선후배,
부부, 친구, 의형제로 읽는 역사

규장각한국학연구원 엮음 | 박현순 책임기획

글항아리

규장각 교양총서를 발간하며

　규장각은 조선왕조 22대 국왕 정조가 1776년에 창립한 왕실 도
서관이자 학술연구 기관입니다. 정조는 18세기 조선의 정치·사회
변화에 능동적으로 대처하기 위해 규장각의 기능을 크게 확대했
습니다. 그런 가운데 옛 자취를 본받으면서도 새롭게 변통할 수 있
는 '법고창신法古創新'의 정신을 잘 구현할 기관으로 규장각을 키워
냈습니다. 조선시대 규장각 자료를 이어받아 보존하고 연구하는
서울대학교 규장각한국학연구원의 역할과 기능도 정조가 규장각
을 세운 뜻에서 멀지 않을 것입니다.

　규장각을 품고 있는 서울대학교의 한국학은 처음에는 미약했으
나 이제 세계 한국학의 중심을 표방할 단계에 이르렀습니다. 이러
한 성과를 이끌어내는 데 중심이 되었던 두 기관이 있었습니다.
하나는 옛 서울대 문리대로부터 이사해와서 중앙도서관 1층에 자
리 잡았던 한국학 고문헌의 보고 '규장각'이었고, 다른 하나는
1969년 창립된 '한국문화연구소'였습니다. 한국문화연구소는 규
장각 자료들이 간직한 생명력을 불러내 꽃피우고 열매 맺는 데 중
심 역할을 해온 한국학 연구 기관이었습니다. 규장각이 세워진 뒤

230년이 된 2006년 2월 초, 이 두 기관을 합친 '규장각한국학연구원'이 관악캠퍼스 앞자락에 위치한 감나무골에서 새롭게 발걸음을 내딛었습니다. 돌이켜보면 200여 년 전 정조와 각신閣臣들이 규장각 자료를 구축한 덕에 오늘의 한국학 연구가 궤도에 오를 수 있었던 것이기에 감회가 남다릅니다. 이를 되새겨 규장각한국학연구원은 앞으로 200년 뒤의 후손에게 물려줄 새로운 문화유산을 쌓는 데 온 힘을 다하려 합니다.

규장각한국학연구원은 한국을 넘어 세계 한국학 연구의 중심 기관으로 거듭나겠다는 포부와 기대를 모아, 지난 15년 동안 자료의 보존과 정리, 한국학 연구에 대한 체계적 지원, 국내외 한국학 연구자들의 교류 등 여러 측면에서 성과를 거두었습니다. 그리고 전문 연구자만의 한국학에 머무르지 않기 위해 대중과 함께하며 소통하기 위한 프로그램들을 추진하고 있습니다. 매년 수만 명의 시민과 학생이 찾는 상설전시실의 해설을 활성화하고, 특정한 주제에 따라 자료를 선별하며 역사적 의미를 찾는 특별전시회를 열고 있습니다. 2008년 9월부터는 한국학에 관한 여러 주제를 그 분야의 최고 전문가들이 직접 기획하고 대중의 눈높이에 맞춰 강연하는 '규장각 금요시민강좌'를 열고 있습니다. 이 강좌는 지적 욕구에 목마른 시민들의 뜨거운 호응에 힘입어 2021년 1학기까지 스물여섯 차례에 걸쳐 이어졌고, 강의 주제도 조선시대 각 계층의 생활상, 조선과 세상 사람의 여행 및 교류, 일기, 편지, 그림, 놀이, 전란, 공간, 만남(동행)을 비롯한 다양한 내용을 택해 매번 새롭게 진행해왔습니다.

지역사회와 긴밀히 소통하고 호흡하기 위한 노력의 하나로 금요

시민강좌는 2009년부터 관악구청의 지원을 받아 '서울대–관악구 학관협력사업'으로 꾸려지고 있습니다. 또 규장각 연구 인력의 최신 성과를 강좌에 적극적으로 반영하기 위해서 원내의 인문한국 Humanities Korea 사업단이 강좌의 주제와 내용을 기획해왔습니다. 이 사업단은 2018년 8월 사업이 종료되기까지 '조선의 기록문화와 법고창신의 한국학'이라는 주제로 규장각의 방대한 기록을 연구해 전통사회의 삶과 문화를 되살려내고, 그것이 오늘날 우리에게 주는 의미와 가치를 성찰했습니다. 금요시민강좌의 기획을 통해 우리는 과거의 유산과 현재의 삶 사이를 이어줄 뿐만 아니라, 연구자와 시민 사이의 간격을 좁혀주는 가교 역할도 하려 합니다.

강의가 거듭되면서 강사와 수강생이 마주 보며 교감하는 현장성이라는 장점도 있는 한편, 여건상 한정된 인원만 강의를 들을 수밖에 없는 한계가 있어 늘 아쉬웠습니다. 이에 한 번의 현장 강좌로 끝내지 않고 강의 내용을 옛 도판들과 함께 편집해 '규장각 교양총서' 시리즈로 발간하게 되었습니다. 이미 조선의 국왕·양반·여성·전문가의 일생을 조명한 책들과, 조선 사람과 세상 사람의 여행을 다룬 책, 그리고 일기와 실용서 및 그림, 사물, 놀이, 전란, 공간, 동행으로 조명한 조선에 관한 책들을 펴내 널리 독자의 호평을 얻고 있습니다. 앞으로도 매 학기의 강의 내용을 담아 흥미로우면서도 유익한 책으로 엮어 내고자 합니다.

교양총서에 담긴 내용은 일차적으로 규장각 소장 기록물과 학자들의 연구 성과에서 나온 것이지만, 수강생과 독자 여러분의 관심과 기대 속에 발전되어나갈 것입니다. 정조의 규장각이 옛 문헌을 되살려 수많은 새로운 책을 펴냈듯이 우리 연구원은 앞으로 다

양한 출판 기획을 통해 대중에게 다가갈 것입니다. 이 시리즈가
우리 시대 규장각이 남긴 대표적 문화 사업의 하나로 후세에 기억
되었으면 좋겠습니다. 여러분의 많은 관심과 성원 바랍니다.

서울대학교 규장각한국학연구원장

이현희

역사를 일궈낸 동반자들

　지금 당신 곁에는 누가 있습니까?

　가령 이런 질문을 받는다면 누구를 먼저 떠올리게 될까. 어떤 사람은 남편이나 아내, 혹은 가족일 것이며, 누군가는 연인을 떠올릴 것이다. 그러나 범위를 좀더 넓혀보면 훨씬 더 많은 사람을 떠올릴 수 있다. 어린 시절부터 미주알고주알 속내를 터놓고 지내온 친구들도 있고, 같은 뜻을 품고 같은 길을 가고 있는 동지나 동료, 동학도 있다. 우리는 살아가는 동안 수많은 사람과 함께하고, 어떤 이는 우리 삶에서 아주 특별한 자리를 차지하고 있다.

　이런 점은 예나 지금이나 변함없다. 그래서 인류는 유사 이래로 특별한 관계를 가리키는 다양한 말을 만들어왔다. 중국 고대에 등장해 지금까지도 즐겨 사용하는 '지기知己'나 '지음知音' 같은 말도 있고, '솔메이트'처럼 요사이에 즐겨 쓰는 말도 있다. 이런 말은 인류의 삶이 계속되는 한 거듭 새로 생겨날 것이다.

　중국 춘추시대 제나라 재상이던 관중管仲은 '나를 낳아준 것은 부모님이고 나를 알아준 것은 포숙鮑叔이다'라는 유명한 말을 남겼다. 백아伯牙는 자신의 음악에 교감해준 종자기鍾子期가 죽자 금琴의 줄을 끊었다. 이런 일화들은 서로의 뜻을 알고 이해해주는 '지기'를 중요한 가치로 전하고 있다. 우리 삶의 동반자는 누구보다 나의 뜻을 잘 알고 같은 꿈을 꾸는 사람일 것이다.

그런데 동반자 이야기를 하려다보면 먼저 중국의 고사가 떠올라 당혹스럽다. 우리 역사 속에는 이런 사람들이 없었던 것일까? 그럴 리는 없다. 이 책에서는 우리 역사 속에서 빛났던 동반자들의 이야기를 다룬다. 함께 새로운 사회를 만들고자 했던 국왕과 신하에서부터 일제강점기에 나라를 지키기 위해 뜻을 함께한 동지에 이르기까지 그 사연은 다양하다. 이 이야기들을 통해 우리 역사 속의 동반자들에 대해 생각해보자.

1장에서는 임금과 신하로 한길을 갔던 세조와 양성지를 만나본다. 세조는 양성지를 자신의 제갈공명이라 평했고, 양성지는 세조를 도와 국가의 문물과 제도를 정비하는 데 큰 공을 세웠다. 그러나 평생을 함께한 듯한 두 사람도 늘 같은 꿈을 꾼 것은 아니었다. 국왕 세조와 신하 양성지의 동상이몽에 대해 살펴본다.

2장에서는 「몽유도원도夢遊桃源圖」로 유명한 안평대군과 화가 안견의 사귐을 다룬다. 예술애호가이자 서예가였던 안평대군은 누구보다 안견의 재능을 높이 평가했고, 두 사람의 동행은 「몽유도원도」라는 걸작을 낳았다. 두 사람의 동행과 결별을 통해 조선 초기의 예술세계를 만나본다.

3장에서는 비극으로 끝난 중종과 조광조의 동행에 대해 살펴본다. 두 사람은 도학정치道學政治의 실현이라는 정치적 이상으로 의기투합했지만 결국 중종의 배신과 기묘사화, 조광조의 죽음이라는 비극으로 막을 내린다. 두 사람의 만남이 비극으로 치닫게 된 사연을 들어보자.

4장에서는 평생을 함께한 부부 유희춘과 송덕봉을 만나본다. 두 사람은 조선시대 부부로는 드물게 시와 학문을 함께 한 이상적인 관계였다. 자상하고 배려심 있는 남편과 학문 및 시문에 능한 재능 있는 아내의 결합을 통해 우리의 통념을 넘어선 조선시대 부부의 결혼생활을 엿본다.

5장에서는 학술계를 빛낸 스승 이익과 제자 안정복의 만남을 쫓아가본다. 시대 변화에 조응하는 학문 체계의 수립에 몰두하던 안정복은 스승 이익을 만나 자신이 가야 할 길을 확신했다. 이 만남은 안정복의 학문으로 꽃을 피웠다. 새로운 시대에 새로운 학문을 같이 고민한 스승과 제자의 아름다운 만남의 이야기를 들어본다.

6장에서는 박학이라는 취향을 매개로 지기가 된 황윤석과 김용겸의 이야기를 만나본다. 인생의 접점이 없을 듯한 시골 출신의 청년과 서울 명문가 출신의 노인이 스물일곱이라는 나이 차를 넘어 책과 박학이라는 학문에 대한 열정을 매개로 평생지기로 거듭난 사연을 쫓아가본다.

7장에서는 기성 문학의 권위에 도전하며 개성적인 글쓰기를 추구했던 두 친구 김려와 이옥을 다룬다. 정조의 문체반정이 한창이던 시절 가혹한 현실에도 굴하지 않고 삶의 희로애락을 진솔하고 개성 있게 표현하고자 했던 두 사람을 통해 새로운 사유에서 나오는 새로운 글쓰기의 힘을 살펴본다.

8장에서는 「세한도歲寒圖」로 유명한 추사 김정희와 제자인 역관

이상적의 사연을 살펴본다. 김정희는 제주도에 유배되어 힘겨운 시간을 보내던 중 이상적을 생각하며 「세한도」를 그렸다. 「세한도」는 학자 김정희가 고증학의 정점에서 만들어낸 성과물이기도 했다. 김정희가 이상적을 위해 「세한도」를 그린 사연을 따라가보자.

9장에서는 대한제국기 언론인 박은식과 장지연을 만나본다. 박은식은 장지연이 『황성신문』에 발표한 「시일야방성대곡」에 화답하여 『대한매일신보』에 「시일에 우 방성대곡」이라는 사설을 내보냈다. 자강自強이라는 시대정신을 공유하며 일본 제국주의의 대한제국 국권 침탈에 항거한 두 사람의 사상과 동지적 관계를 살펴본다.

10장에서는 이승만, 정순만, 박용만, 이른바 삼만형제의 인연과 악연을 다룬다. 대한제국기 국권회복운동을 벌이던 세 사람은 한성감옥에서 만나 형제의 결의를 맺었다. 그러나 하와이에서 다시 만난 이승만과 박용만은 돌이킬 수 없는 악연의 수렁으로 빠져들었다. 암울한 시기 독립운동가들의 슬픈 결별에 대한 이야기를 들어본다.

이 책에서 다루는 동반자들의 이야기는 주인공 두 사람에게 초점을 맞추고 있지만 두 사람만의 사적인 이야기는 아니다. 그들의 만남이나 헤어짐은 개인적인 맥락보다는 역사적인 맥락이 강하기 때문이다. 독자들은 주인공들의 사연을 통해 그 시대의 역사를 더 세밀하고 생동감 있게 읽을 수 있을 것이다.

규장각교양총서는 한국학의 전문적인 연구 성과를 독자들이 좀더 편안하고 흥미롭게 읽을 수 있도록 기획한 교양서다. 그동안 많은 분의 사랑을 받아 그 열다섯 번째 권을 내기에 이르렀다. 원고를 써주신 여러 필자와 책을 산뜻하게 마무리해주신 글항아리에 감사의 마음을 전한다.

2021년 7월
필자들의 뜻을 모아
박현순 쓰다

차례

1장

동상이몽의 동반자

◉

세조와 양성지

강문식

공과가 있는 왕과 그를 도운 공신

조선의 제7대 국왕 세조世祖(1417~1468, 재위 1455~1468)는 역사적 평가의 빛과 그림자가 극명하게 나뉘는 임금이다. 세종과 소헌왕후의 둘째 아들로서 '수양대군首陽大君'이라는 군호君號를 받았던 세조는 부왕 세종과 형 문종을 도와 불교 서적의 번역 및 간행, 악보 정리, 병학서兵學書 편찬 등의 국가적 편찬 사업을 주관했다. 또 왕이 되고 나서는 세종대의 업적을 계승하여 중앙집권 체제를 강화하고 호패법號牌法·직전법職田法·진관체제鎭管體制를 시행했으며, 『경국대전經國大典』『동국통감東國通鑑』 등의 편찬을 추진해 조선 초기의 문물과 제도 정비에 많은 공헌을 했다.

하지만 세조가 왕위를 차지한 방식은 탈법적인 것이었고, 그 과정에서 많은 사람이 무고하게 희생되었다. 권력에 대한 야심이 강했던 세조는 형 문종이 일찍 세상을 떠나고 나이 어린 조카 단종이 왕위를 계승하자 1453년(단종 1) 군사 정변을 일으켜 정권을 장악했고(계유정난癸酉靖難), 2년 후 단종으로부터 양위讓位를 받는 형

「세조어진초본」, 김은호, 국립고궁박물관.

식으로 왕의 자리에 올랐다. 이후 그는 단종의 복위를 도모한 세력들을 철저히 숙청했으며, 조카 단종마저 노산군으로 강등하여 영월에 유배했다가 결국에는 사약을 내려 죽였다. 또 세조의 파행적 집권 과정은 많은 공신功臣을 양산하는 빌미가 되었고, 이는 정국을 정상적으로 운영하는 데 큰 장애가 되었다.

이처럼 세조는 공과가 뚜렷이 나뉘어 어느 쪽에 방점을 두느냐에 따라 상반된 평가가 나타나는 왕이다. 그리고 이런 모습은 세조뿐만 아니라 그를 보좌했던 관료나 학자들에게도 동일하게 나타난다. 즉, 세조 시대에 활동했던 관료와 학자들은 조선 초기의 문물과 제도 정비를 주도하고 완성하여 국가 운영의 기반을 마련했다는 점에서 긍정적인 평가를 받았다. 다른 한편 이들은 세조의 왕위 찬탈을 도왔으며 여러 차례 공신에 책봉되면서 부와 권력을 독점했다는 점에서 비난의 대상이 되기도 했다. 그 대표적인 인물 중 한 사람이 바로 이 글의 주인공 양성지梁誠之(1415~1482)다.

기존의 양성지에 대한 연구에서는 양성지가 세조의 절대적인 신임을 받았던 참모였으며, 양성지가 건의한 정책은 대부분 세조에게 수용되었던 것으로 평가했다. 세조가 양성지에 대해 '나의 제갈공명' 또는 '왕을 보좌할 만한 재주를 가진 자'라고 언급했다는 기록은 위와 같은 평가의 타당성을 뒷받침해주는 중요한 근거가 되었다.

하지만 실록에 기록된 세조와 양성지 관련 기사들을 살펴보면, 기존 평가가 반드시 옳은 것만은 아니라는 생각을 지울 수 없다. 양성지는 세조의 재위 기간에 큰 어려움 없이 평탄한 관직생활을 영위했지만, 정치적 실권을 갖고 국정을 주도할 수 있는 관직에 임

조선 사람들의
동행

20

文昌公諱壽菜號之像

「문양공 눌재 양성지 상」, 대로서원.

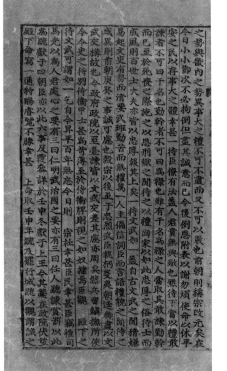

『세조실록』 권1, 세조 1년 7월 5일 기사, 규장각한국학연구원. 양성지가 올린 상소문이 기록되어 있다.

명된 적은 거의 없었다. 또 『세조실록』에는 세조가 양성지의 건의에 대해 '현실성이 부족하다'며 물리친 일이 종종 있었고, 그럴수록 양성지는 더 많은 정책 건의를 올림으로써 세조에게 자신의 능력을 어필하고자 노력했던 모습이 잘 기록되어 있다. 이런 사실은 세조와 양성지의 관계에 관한 기존 평가에 대해 다시 생각해볼 여지를 준다. 과연 세조와 양성지 두 사람은 서로를 깊이 신뢰하며 함께했던 동반자였다고 할 수 있을까?

세조와 그의 브레인 양성지

양성지의 본관은 남원南原이며, 자字는 순부純夫, 호號는 눌재訥齋다. 1415년(태종 15)에 아버지 양구주梁九疇와 어머니 안동 권씨(권담權湛의 딸) 사이에서 맏아들로 태어났으며, 서울에서 주로 성장했다. 양성지의 친구 김수온金守溫이 지은 「남원군정안南原君政案」에 따르면, 양성지는 6세 때 책을 읽기 시작했고 9세부터 글을 지을 정도로 총명했다고 한다. 그가 27세 때인 1441년(세종 23)에 생원시와 진사시에 연달아 합격한 후 같은 해 문과에서도 2등으로 급제한 사실은 그의 학문적 재능에 대한 기록이 과장된 것이 아님을 보여준다고 할 수 있다.

문과 급제 후 경창부승慶昌府丞에 임명되어 관직생활을 시작한 양성지는 같은 해 10월 집현전 관원으로 발탁되었다. 이후 그는 세종부터 성종까지 여섯 왕대를 거치면서 집현전 직제학, 홍문관 제학·대제학, 사헌부 대사헌, 이조판서, 공조판서, 지중추부사知中樞府事 등 여러 관직을 두루 역임했다. 또 1455년(세조 1) 세조가 즉위한 후에는 원종공신原從功臣 2등에 녹훈되었으며, 1471년(성종 2)에는 좌리공신佐理功臣 3등에 책록되고 남원군南原君에 봉해지는 등 공신으로서의 부와 명예도 누렸다. 이처럼 40여 년 동안 관

『경국대전』, 32.5×21.5cm, 1661, 국립중앙박물관.

『동국지도』, 37.3×47.7cm, 16세기, 국립중앙박물관. 양성지가 편찬에 관여했다.

료로서 큰 굴곡 없이 평탄한 삶을 영위했던 양성지는 1482년(성종 12)에 68세를 일기로 서거했으며, 문양文襄의 시호를 받았다.

양성지의 관직생활 중 그의 일생에 가장 큰 영향을 끼친 것은 집현전에서의 활동이라고 할 수 있다. 앞서 언급했듯이 양성지는 1441년 문과 급제 후 그해 10월에 집현전 부수찬副修撰(종6품)에 임명되어 집현전 생활을 시작했다. 이후 그는 수찬修撰(정6품), 부교리副校理(종5품), 교리校理(정5품), 응교應敎(정4품), 직제학直提學(종3품) 등 집현전의 관직들을 두루 역임하면서 1456년(세조 2) 집현전이 혁파될 때까지 약 15년 동안 집현전 관원으로 활동했다.

이 기간에 양성지는 집현전에서 수행하는 각종 학술 연구와 서적 편찬 사업에 참여하여 학문적 성장을 이루어갔다. 집현전 활동기 및 이후 성종대까지 양성지가 편찬에 관여했던 서적들을 살펴보면, 세종~예종대 실록 및 『고려사高麗史』『고려사절요高麗史節要』 『동국통감』 등의 역사서, 『치평요람治平要覽』『명황계감明皇誠鑑』 등의 정치서, 『팔도지리지八道地理誌』『동국여지승람東國輿地勝覽』『동국지도東國地圖』 등의 지리지·지도, 법전『경국대전』, 문학서『동문선東文選』, 그리고『의방유취醫方類聚』『잠서蠶書』『손자주해孫子註解』 등 의학·농학·병학서까지 다양한 분야가 포괄되어 있다. 이는 양성지가 집현전에서의 학문활동을 통해 정치적 실용을 강조했던 세종과 집현전의 학풍으로부터 많은 영향을 받았음을 잘 보여준다.

양성지의 집현전 활동이 갖는 또 하나의 중요한 의미는 바로 이곳에서 수양대군, 즉 세조와의 만남이 이루어졌다는 점이다. 앞서 언급한 것처럼 세조는 수양대군 시절에 부왕 세종과 형 문종을 도와 각종 편찬 사업을 주관했는데, 이때 집현전 관원들과 함께 추진한 사업이 많았다. 대표적인 사례로 문종대의 『역대병요歷代兵要』 주해 사업을 들 수 있다.

> 6월에 문종이 세조에게 『병요兵要』에 주해註解를 내도록 명하고 말하기를, "수양대군이 글을 쓰면 필연코 좋을 것이다"라고 했다. 세조가 대답하기를, "이는 신의 직분입니다. 감히 힘을 다하지 않겠습니까? 신이 집현전의 여러 학사와 더불어 힘쓰면 처리할 수 있을 것입니다"라고 했다.(『세조실록』 권1, 총서總書)

세조는 집현전 관원들과 편찬 사업을 함께 하는 과정에서 학문적·정치적 능력이 출중한 여러 인물을 눈여겨봤고 이들과 가깝게 교유했다. 이 글의 주인공 양성지 역시 집현전 관원 시절에 세조의 주목을 받았던 인물 중 한 사람이었다. 그 결과 세조가 왕위에 올랐을 때 성삼문成三問·박팽년朴彭年 등과 같이 세조에 반대하고 단종 복위를 도모한 이들도 있었지만, 양성지를 비롯한 상당수의 집현전 출신 관료들은 세조 집권에 동조하면서 계속 관료로서 활동했다.

세조가 왜 양성지를 주목했는지에 대해서는 분명하게 밝혀진 바가 없다. 하지만 세조의 정치적 성향과 양성지의 학문 경향을 고려할 때, 세조가 양성지를 눈여겨본 이유는 크게 두 가지로 추측해볼 수 있다. 첫째는 양성지의 국방에 대한 관심과 병학가兵學家로서의 재능이고, 둘째는 국왕권을 강조한 양성지의 정치관이다.

양성지는 세종 말기부터 국방에 관한 여러 정책을 건의해 병학가로서의 면모를 과시했다. 먼저 1449년(세종 31) 5월에 양성지는 북방 지역의 행성行城 건설에 반대하는 상소를 올렸다. 이 상소에서 그는 길게 쌓은 행성은 많은 적을 막는 데 적합하지 않다는 점을 지적하고, 대안으로 요새지 중심의 방어 체제를 주장했다.

양성지의 국방 정책이 가장 잘 정리되어 있는 것은 1450년 1월에 올린「비변십책備邊十策」이다. 양성지가「비변십책」을 올린 것은 한 해 전인 1449년에 명나라 황제 영종英宗이 북방의 몽골 유민인 타타르족을 정벌하러 갔다가 패배해 포로로 잡힌 사건이 중요한 계기가 되었다. 양성지는 명군에게 승리한 타타르족이 조선에 큰 위협이 될 수 있다고 판단하고, 군사력이 약한 조선의 국방을 강화하기 위한 대책으로「비변십책」을 제시했던 것이다. 그 내용을 요약하면 아래와 같다.

① 국방 정책 확립: 군사와 장수 선발, 군량 확보, 무기 제조, 성보城堡 수축 등

② 군사 증원와 군대 편제 개편: 정예병 15만, 예비군 15만 확보

③ 우수한 장수 선발: 장수가 될 만한 인재 천거, 무과 제도 개편

④ 군량미 확충: 국가에 곡식을 바치는 납속자納粟者에 대한 군직軍職 수여

⑤ 무기 정비: 각종 갑옷과 수성守城 무기, 공성攻城 무기 제작

⑥ 성보城堡 수축과 관방關防 확정: 변방뿐만 아니라 내지 방어도 함께 고려한 성보 건설 추진

⑦ 서울 방어 강화: 도성 주변에 방어 시설 확충

⑧ 선자치先自治: 국방 강화의 기반이 되는 내치內治와 민심 안정에 먼

開防則彼在吾封域之中夫邊將率精騎時馳獵之
民亦在吾封域之中而警察之則彼不敢以江邊小邑為其
於其間而警察之則彼不敢窺完於其中夫是東路則
以江界為之衝而倚平壤界之軍為一道之根本則兵全力完
為之重鎮西路則據義州
川之衝而倚平壤界之軍為一道之根本則兵全力完
慶置得宜使南界之軍不必成也入居本土之事不必
賴也仍遺使臣布告德音給復三四年則吾民
休息於生生之中而永被
聖明太平之治矣

且南方之事最有可議者為蓋金海等慶降倭
千百為羣來止海上一此一彼軍情虛地理
要害無不知之若萬一有變則彼必為之鄉導
而為賊吳其為患豈淺淺哉生民之害南北一
也願殿下謀及將相之以大兼噲之以大厚
賜留者移之內地其不願者慰遣本土永絕
後日之虞而無使如今日之北方則國家
幸甚斯民幸甚

備邊十策

一定廟謨蓋天下之事莫先於定計不先定
萬事之所由數也今北方之尊或云太平
何有外患或云達達逢在數千里之外何與於
我臣竊觀元太祖之入中原也滅國二十以及
西夏夏亡侵金金亡侵宋宋亡之時親
征西域至于鐵門關又征西南爽於海道數萬
里之地及世祖東征日本喪數十萬之師而不
已其征高麗則用兵幾七十年窮兵黷武蓋習
俗然也況晚知中國子女玉帛之所在已嘗力

取而有之丰八十年雖居沙漠之地嘗一日
忘中國哉今先取三衛而撤中國之藩籬次窺
海西諸種而益其徒黨於是分道南下而開外
大振天子觀征及陷虜庭胡騎乘勝直擣于
皇城之下其兵力何如狀以一戰而敗至於如此
亂之功與今日甲午兵之盛何如哉高皇帝撥
凡兵乃不又於此者乎彼宣不知東方有我
我嘗一戰而敗乎其此者孚致力於中原耳萬一朝
而得遼東之地則征東之兵夕出雖未得志於
遼東亦將由他路洩憤於我夫臣以徙事考之

「비변십책」,『눌재집訥齋集』, 양성지, 규장각한국학연구원.

저 힘쓸 것

⑨ 행성 공역 중지: 행성 대신 주진州鎭의 읍성邑城 건설

⑩ 왜인倭人 대비: 대마도주對馬島主에게 관작과 녹봉을 주어 회유할 것

양성지는 1451년(문종 1)에도 「동서양계일체비어東西兩界一體備禦」를 올려 북방 지역 방어 대책을 건의했다. 이 상소에서 양성지는 기존의 북방 대책이 평안도 방어에만 집중되어 있는 점을 지적하면서 함경도 방어를 위한 대책 마련에도 힘쓸 것을 강조했다.

한편 양성지는 『팔도지리지』 『동국지도』 등을 제작했던 당대 최고의 지리학자였다. 효과적인 국방 대책을 마련하기 위해서는 지리에 대한 정확한 이해가 선행되어야 한다는 점에서 지도·지리지 제작은 국방 문제와 매우 밀접한 관계가 있다. 양성지가 15세기의 지리지와 지도 제작을 주도했던 배경에는 국방에 대한 그의 깊은 관심이 중요하게 작용했을 것으로 여겨진다.

양성지는 국방 문제뿐만 아니라 정치 문제, 특히 국가의 최고 통치자인 국왕이 어떤 자세로 국정을 운영해야 하는가에 대해서도 여러 차례 상소를 올려 자신의 입장을 피력했다. 대표적인 사례로 1453년(단종 1) 1월에 올린 상소 「논군도論君道」와 이듬해(1454)에 찬진한 「황극치평도皇極治平圖」, 그리고 1455년(세조 1) 7월에 올린 「논군도 12사論君道十二事」 등이 있다. 「논군도」가 국왕이 갖춰야 할 정치 운영의 기본 원칙을 제시한 것이라면, 「황극치평도」는 「논군도」의 기본 원칙을 좀더 구체화한, 19개 강綱(대항목)과 91개 목目(세부 조목)의 통치 규범을 도표 형식으로 정리한 것이다. 또 「논군도 12사」에는 「논군도」의 원칙을 실천할 12개의 구체적인 정책 방

향이 제시되어 있다.

　이 세 편의 글에는 양성지의 정치사상이 오롯이 담겨 있다. 여기서 특히 주목되는 것은 그가 국왕을 정치 운영의 주도자로 강조하는 점인데, 이를 가장 분명하게 보여주는 것이 바로 「황극치평도」다. 「황극치평도」는 현재 전해지지 않아서 정확한 모습을 알 수는 없지만, 『단종실록』에 그림에 대한 대략적인 설명이 기록되어 있다. 이를 토대로 「황극치평도」의 19개 강綱의 배치 형태를 유추해 보면 아래와 같다.

　「황극치평도」를 보면, 중앙에 '황극皇極'이 있고 그 주변에 '하늘

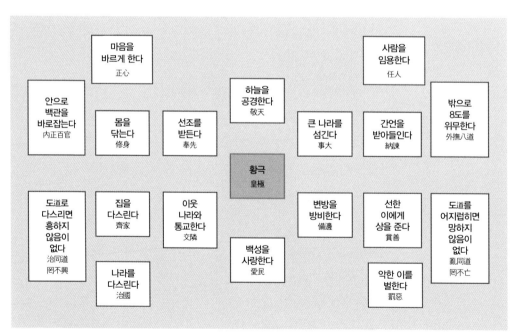

「황극치평도皇極治平圖」. 『단종실록』에 수록된 설명을 바탕으로 추정하여 그린 것으로, 황극을 비롯한 19개 강綱만 표시했다. 『단종실록』의 설명에 따르면 실제 그림에는 강마다 하위의 목目(세부 조목)들이 기록되어 있었으며, 목의 총수는 91개였다고 한다.

을 공경한다敬天' '백성을 사랑한다愛民' '선조를 받든다奉先' '큰 나라를 섬긴다事大' '이웃 나라와 통교한다交隣' '변방을 방비한다備邊'와 같이 국정의 근간이 되는 6개의 강이 기록되어 있다. 그리고 그 바깥쪽 좌우에는 역시 국왕의 수신修身 및 국정 운영의 원칙에 관한 12개의 강이 배열되어 있다. 여기서 중앙에 배치된 '황극'은 국왕을 가리킨다. 따라서 이 그림은 국왕이 중심이 되어 경천·애민·봉선·사대·교린·비변으로 대표되는 국정의 모든 사안을 주도적으로 이끌어나가야 함을 강조한 것이라 할 수 있다.

황극은 국왕권을 강조하는 정치사상의 핵심 개념 중 하나로, 여말선초의 학자 권근權近은 황극론에 기초하여 왕권 강화와 국왕 중심의 국정 운영을 주장했고, 조선 후기의 영조와 정조 역시 탕평정치蕩平政治와 왕권 강화의 이론적 기반으로 황극 개념을 사용했다. 양성지가 국왕을 황극으로 표현한 것도 마찬가지 맥락이라고 할 수 있다. 특히 양성지의 외조부 권담이 권근의 7촌 조카이고, 양성지가 권근의 손자 권람權擥, 외손 서거정徐居正 등과 절친한 관계였음을 미루어볼 때 양성지가 권근의 황극론으로부터 영향을 받았을 가능성은 상당히 높다고 생각된다.

이처럼 양성지는 15세기의 가장 뛰어난 국방 전문가 중 한 명이었고, 또 왕권의 중요성을 강조한 정치가였다. 그런데 국방과 왕권 강화의 두 가지는 수양대군이 국정 운영에서 가장 중요하게 여긴 핵심 과제였다. 따라서 이 두 과제에 대해 적극적으로 의견을 개진하는 양성지를 수양대군이 주목하지 않을 수 없었을 것이다. 게다가 양성지가 주장한 정책의 방향 또한 수양대군이 추구하는 것과 일치했기 때문에 수양대군은 양성지에게 더욱 매력을 느끼고 그를 자신의 '브레인'으로 삼고자 했던 것으로 추측된다. 바로 이 점이 수양대군이 양성지를 자신과 함께할 동반자의 한 사람으로 선택한 이유 아니었을까?

서로 다른 꿈을 가졌던 동반자

1453년(단종 1) 10월 수양대군은 계유정난을 일으켜 정권을 장악하고 다시 2년 후인 1455년(세조 1) 단종의 양위를 받는 형식으로 조선의 제7대 국왕의 자리에 올랐다. 이 과정에서 양성지는 수양대군, 즉 세조에게 적극적으로 협력하지는 않았지만 세조의 집권에 반대하지 않고 그 정권에 참여하여 관료로 활동함으로써 암묵적으로 동조하는 모습을 보였다. 그에 따라 양성지는 1455년 12월에 원종공신 2등에 녹훈되었다.

1456년 6월 성삼문·박팽년 등이 단종 복위를 추진하다 발각되어 처형되었을 때, 일부에서는 양성지가 단종 복위 세력들과 공모했을 것이라고 의심했다.

박팽년 등이 주살誅殺되자 사람들이 "양성지가 근심하고 두려워하니 반드시 그들과 더불어 공모했을 것입니다"라고 했다. 세조가 "이때를 당하여 사람으로서 누가 두려워하지 않겠느냐? 양성지는 이러한 일이 없었을 것을 보증한다"라고 했다.(『성종실록』 권142, 성종 13년 6월 11일, 양성지 졸기)

『성종실록』 권142, 성종 13년 6월 11일자에 실린 양성지 졸기, 규장각한국학연구원.

위 글에서 세조는 사람들의 의심을 받는 양성지에 대해 자신이 보증하겠다면서 그를 보호해주었다. 아마도 세조는 계유정난 이후 양성지의 행적이나 그가 올린 상소 내용 등을 통해 양성지는 자신에게 반기를 들지 않으리라 확신했던 것이 아닐까 추측된다. 또 세조는 병학가로서 양성지의 능력이나 국왕 중심의 정치관 등이 자신의 국정 운영에 도움이 된다고 판단하여 그를 보호했던 것으로 생각된다.

양성지는 1464년(세조 10) 구현시求賢試에 급제한 후 이조판서에 임명됐고, 1466년에도 발영시拔英試에 급제하여 대사헌으로 승진했다. 구현시와 발영시는 모두 현직 문신 관료들을 대상으로 한 시험이었는데, 특히 발영시는 세조가 직접 주관했다. 따라서 양성지가 이 시험에 급제했다는 것은 세조로부터 학문적 능력을 인정받았음을 의미한다고 할 수 있다. 이처럼 양성지는 세조의 신뢰와 인정 속에서 세조 재위 기간에 여러 관직을 역임하며 평탄한 관직 생활을 해나갔다.

세조대 양성지의 관료활동에서 가장 두드러진 업적은 서적 편찬 사업이었다. 대다수의 집현전 출신 관료들과 마찬가지로 양성지는 조선 초기의 문물과 제도 정비 사업 및 그 성과를 정리한 각종 서적 편찬에서 주도적인 역할을 담당했다. 그의 주요 성과들을 살펴보면, 1461년 8월에 『명황계감』을 번역했고, 1463년 11월에는 『동국지도』를 완성했으며, 1465년 5월에는 『경국대전』의 형전刑典 편찬에 참여했다. 또 1466년 7월에는 『대명률강해大明律講解』와 『율해변의律解辯疑』 등의 법전을 교정했으며, 1467년 12월에는 『시경詩經』의 구결口訣을 교정했다. 그리고 세조 서거 후 성종대에는 『세조실록』과 『예종실록』 편찬에도 참여했다. 양성지가 편찬에 간여한 서적들은 역사·지리·법률·경학經學 등 여러 분야에 걸쳐 있었는데, 이는 그의 학문이 상당히 폭넓은 분야를 망라했음을 보여준다.

한편 양성지는 세조의 재위 기간에도 활발한 상소활동을 통해 국정에 관한 자신의 의견을 제시했다. 세조대에 양성지가 올린 상소와 정책 건의 중 중요한 것들을 정리하면 [표 1]과 같다.

[표 1] 세조대에 양성지가 올린 상소와 정책 건의

시기		상소 및 정책 건의 내용
1455년(세조 1)	7월	「논군도 12사論君道十二事」
	11월	「평안도 편의 18사平安道便宜十八事」
1456년(세조 2)	3월	「편의 24사便宜二十四事」
1457년(세조 3)	3월	「편의 12사便宜十二事」
	10월	「편의 4사便宜四事」
1463년(세조 9)	5월	규장각奎章閣, 비서각祕書閣 설치 건의
1464년(세조 10)	5월	공물 대납貢物代納 관리 방안 건의
	8월	「군정 10책軍政十策」
1465년(세조 11)	6월	「권농 4사勸農四事」
	11월	「군국편의 10사軍國便宜十事」
1466년(세조 12)	11월	「군국편의 10사」 「서적 10사書籍十事」
1467년(세조 13)	5월	「북방비어초소 15책北方備禦初疏十五策」
	7월	「북방비어2소 3책北方備禦二疏三策」
	8월	「북방비어3소 4책北方備禦三疏四策」
1468년(세조 14)	6월	「시폐 6사時弊六事」

표를 보면, 양성지는 군도君道, 군정軍政, 지방 정책, 권농勸農, 서적, 시폐時弊 개혁 등 국정의 여러 분야에서 자신의 정책을 적극적으로 개진했다. 『세조실록』에는 세조가 양성지의 건의 중 많은 내용을 "가납嘉納했다"라고 기록되어 있다. 이런 점들을 고려할 때 세조와 양성지는 함께했던 동반자였던 것이 분명하다고 생각된다.

『성종실록』에 실린 양성지의 졸기에는 세조가 양성지를 제갈량諸葛亮에 견주었다는 내용이 있다. 그동안은 이 말이 세조와 양성지의 긴밀한 관계를 상징하는 말로 인식되어왔다. 그런데 제갈량은 유비에게 단순한 책사策士 이상의 의미를 갖는 존재였다. 그는 유비의 군대를 총 지휘했던 군사軍師였고, 촉한蜀漢의 국정을 총괄했던 승상丞相(총리)이었으며, 유비가 전적으로 신뢰했던 인물이다. 그렇다면 과연 세조에게 양성지는 제갈량과 같은 비중을 차지하는 존재였을까? 이 점에 대해서는 의문의 여지가 있다.

우선 세조대에 양성지가 거쳤던 관직을 검토해보면, 세조는 양성지에게 의정부議政府나 6조六曹와 같이 실질적인 권한을 가지고 국정 운영을 책임지는 요직을 맡기지 않았다. 세조대에 양성지의 관력 중 정치적 요직에 해당되는 것은 1464년(세조 10) 8월부터 이듬해 3월까지 7개월간 이조판서를 맡았던 것과 1465년 7월부터 세조 말까지 사헌부 대사헌으로 재직한 것 정도다. 이 중 이조판서는 재직 기간이 짧았고, 대사헌은 관리들에 대한 감찰과 언론활동이 주된 임무였기 때문에 국정 운영을 책임지는 위치와는 거리가 있었다.

세조대에 양성지가 가장 오랜 기간 재직했던 관서는 중추원中樞院이었다(1461년 중추부中樞府로 개칭). 그는 1456년(세조 2) 집현전이 혁파되기 전까지 집현전 관원으로 재직했던 시기와 위에서 본 이조판서·대사헌 재직 시기를 제외한 대부분의 기간을 중추원(중추부)의 판사判事·동지사同知事·지사知事 등으로 활동했다. 조선 초기의 중추원은 왕명 출납과 군사 업무를 총괄하는 핵심 관서였지만, 태종대에서 세종대까지 여러 차례 관제 개편을 거치면서 왕명 출납은 승정원承政院으로, 군사 업무는 병조와 오위도총부五衛都摠府로 이관되었다. 그 결과 중추원(중추부)은 직제상으로는 무반의 최고 관서(정1품)였지만 실제로는 관장하는 사무가 없고 문무 당상관 중 소임이 없는 이들을 예우하기 위한 기관으로 전락했다.

세조가 양성지를 실질적인 관장 사무가 없는 중추원에 오랫동안 재직하도록 했던 사실은 그가 양성지에게 바랐던 것이 무엇인지를 유추할 수 있는 단서가 된다. 즉, 세조는 양성지의 관료적 능력보다는 학자로서의 능력을 더 높이 평가했고, 그에 따라 양성지에게 실무가 없는 관직을 주어서 학문 연구에만 전념하도록 했던 것이 아닌가 여겨진다. 앞서 보았듯이 양성지가 세조대에 여러 분야의 서적 편찬 사업을 주도했던 것은 그가 국정의 실무를 담당하지 않았기에 가능했다고 할 수 있다. 또 학문 연구의 성과에 기초한 여러 정책 건의 역시 세조가 양성지에게 기대했던 매우 중요한 부분이었다. 즉, 세조는 양성지가 자신의 국정 운영을 학문적으로 보좌하는 '싱크탱크Think Tank'가 되어주기를 바랐던 것으로 생각된다.

하지만 양성지가 세조에게 기대했던 것은 이와 달랐던 듯하다. 조선시대 학자들은 대부분 관료가 되어 현실 정치에서 자신의 학문과 경륜을 실현하려는 포부를 지니고 있었다. 그리고 관료가 되기 위한 방편으로 유학儒學 경전과 역사서를 공부하고 과거에 응시했다 이 점에 있어서 양성지도 예외가 아니었을 것이다. 양성지역시 의정부나 6조의 책임 있는 직책을 맡아서 자신의 정치적 포부를 펼쳐보고 싶었을 것이다. 하지만 그가 맞닥뜨린 현실은 자신의 기대와는 전혀 달랐다.

한직에 머물러 있으면서 평생 학문 연구에만 전념하며 국왕의 정책을 보좌하는 역할은 양성지가 바랐던 게 아니었으리라 짐작된다. 신숙주申叔舟가 41세에 정승政丞의 반열에 올랐던 것은 특별한 예외로 치더라도, 집현전에서 함께 성장했던 동료 학자 대부분이 세조대 중후반에 6조의 판서직을 역임하며 국정을 담당하는 모습을 보면서 양성지는 상당한 자괴감을 느끼지 않았을까?

이런 관점에서 본다면 양성지가 올렸던 수많은 상소와 정책 건의도 다른 각도에서 해석해볼 수 있다고 여겨진다. 물론 기본적으로 양성지는 조선 초기의 제도와 문물을 정비하고 현실의 폐단을 제거하려는 목적에서 상소와 정책 건의를 올렸다. 하지만 다른 한편으로는 상소를 통해 자신의 능력과 경륜을 세조에게 인정받고 실권이 있는 요직으로 진출하는 것 또한 중요한 목적이 아니었을까? 양성지의 입장에서 볼 때, 자신을 한직에 두고 학문 연구만 담당하게 한 이는 세조였지만, 자신의 능력을 인정해주고 정치적 요직으로 끌어줄 수 있는 사람 역시 세조밖에 없었다. 그렇기 때문에 그는 세조에게 자신을 어필하는 방편으로 상소활동에 더욱 힘을 쏟았던 것이 아닐까? 세조 후반인 1464~1468년에 양성지의 상소가 집중됐던 것은 위와 같은 추정을 뒷받침해주는 정황이라고 생각된다.

하지만 양성지의 이 같은 상소활동은 오히려 역효과를 냈던 것으로 보인다. 이 시기 양성지가 올린 상소에 대한 세조의 반응이 그다지 긍정적이지 않았기 때문이다. 앞서 [표 1]에서 정리한 상소들 중 세조대 초반에 올린 「평안도 편의 18사」나 「편의 24사」에 대해 『세조실록』에는 세조가 이를 "가납했다"고 기록되어 있다. 물

조선 사람들의 동행

38

론 가납했다고 해서 반드시 실제 국정에 적용됐다고 할 수는 없지만, 세조가 그 내용을 긍정적으로 받아들인 것은 분명하다. 또 1457년 3월의 「편의 12사」에 대해서는 수용이 불가한 항목들은 곧바로 지적하고 나머지는 담당 관청에서 검토하도록 지시했다. 같은 해 10월의 「편의 4사」에 대해서는 "말이 맞는 것이 있고 맞지 않는 것도 있지만, 네가 백성의 일에 마음을 두어 아는 것을 말하지 않음이 없으니 내가 몹시 가상하게 여긴다"라는 비답을 내렸다. 이는 세조가 양성지의 상소를 나라를 위한 충정에서 나온 것으로 높이 평가했음을 알 수 있다.

이에 비해 세조대 후반의 상소들에 중에는 세조가 '가납'한 것도 있지만, 아예 반응이 없거나 평가가 박한 예가 종종 보인다. 1466년 11월에 올린 「군국편의 10사」에서 받아들여진 내용은 열 번째 항목의 마지막에 실려 있는, 양계兩界의 감사監司·병사兵使 부임 때 가족 동반을 금지하는 것 하나뿐이었다. 또 1467년 5월에 올린 「북방비어초소 15책」에 대해 세조는 "네가 말한 것은 모두 우활迂闊하여 쓸 수가 없다"며 물리쳤다. 그 밖에 1465년 6월의 「권농 4사」, 1466년 11월의 「서적 10사」, 1467년 7~8월의 「북방비어2소 3책」 「북방비어3소 4책」 등에 대해서도 세조는 단지 "알았다"고만 하거나 별다른 반응을 보이지 않았다.

세조가 양성지의 상소에 대해 박한 평가를 한 것은 내용이 세조의 기대에 미치지 못했기 때문이 아닌가 여겨진다. 이는 세조가 양성지에게 기대했던 '싱크탱크'의 역할과는 거리가 있는 것이라고 할 수 있다. 하지만 양성지는 세조의 평가가 기대에 미치지 못할수록 더 자주 상소를 올려 자신의 능력을 인정받고자 애썼다. 1467년 불과 3개월 사이에 북방 방어에 관한 상소를 세 번이나 연달아 올린 것은 그와 같은 노력을 잘 보여준다.

세조와 양성지는 국왕과 측근 관료로서 한 시대를 함께했던 동반자였음이 분명하다. 세조는 양성지에 대해 갖은 비판이 제기될 때마다 그를 비호해주었고, 양성지는 세조를 보좌하여 조선 초기 문물·제도 정비에 많은 공을 세웠다. 하지만 세조와 양성지가 서로에게 궁극적으로 원하고 기대했던 바는 달랐다. 세조는 양성지의 학자로서의 능력을 높이 평가하면서 그가 자신을 학문적으로 보좌하는 역할에 충실하기를 바랐다. 반면, 양성지는 세조에게 자신의 경륜과 능력을 인정받아 국정을 책임질 수 있는 요직으로 진출하기를 원했다. 이처럼 두 사람은 상대방에 대해 다른 꿈을 가지고 있었으며, 따라서 '동상이몽同牀異夢'의 동반자였다고 할 수 있다. 이런 관계에 대해 국왕 세조는 크게 아쉬울 것이 없었겠지만, 신하인 양성지로서는 비록 평탄한 관직생활을 하기는 했지만 자신의 꿈을 완전히 성취하지 못했다는 점에서 아쉬움이 많이 남지 않았을까?

2장

왕자와 화가의
분홍빛 동행과 결별

◉

안평대군과 안견

고연희

　왕자 안평대군安平大君(1418~1453)과 화가 안견安堅(15세기 중후
반 활동)은 약관의 나이로 각각 정치계와 예술계의 정상에서 만났
다. 서로의 꿈을 돕고 받쳐주며 그들이 동반하던 시절이 걸작「몽
유도원도」로 남아 전하고 있다. 그러나 어느 날 안견은 고의로 오
명汚名을 뒤집어쓰면서 스스로 안평대군에게서 멀리 떠나갔다. 얼
마 지나지 않아 안평대군은 모반죄로 사사되었고, 그 주변 인물들
은 모두 몰살되었다. 안견에게는 그 화禍가 미치지 않았다.

왕자 안평대군, 주목할 만한 콜렉터

　왕자 이용李瑢은 세종과 소헌왕후와의 사이에서 셋째 아들로 태
어났다. 세종이 즉위한 1418년에 출생했으니, 왕자의 신분으로
세상에 태어난 셈이다. 1428년에 대광보국大匡輔國 안평대군에 봉
해졌다. 자는 청지淸之, 호는 비해당匪懈堂, 낭간거사琅玕居士, 매죽
헌梅竹軒 등인데, 이 가운데 세종이 내린 '비해당'이 가장 널리 사용

歲丁卯四月二十日夜余方就枕精神蘧蘧睡之熟也夢亦至焉忽與仁叟至一山下層巒深壑峰巒嶮峭有桃花數十株微徑抵林表而分岐余佇立彷徨莫適所之遇一人山冠野服長揖而謂余曰從此徑以北入谷則桃源也余與仁叟策馬尋之崖磴卓犖林莽蓊鬱溪回路轉蓋百折而欲迷入其谷則洞中曠豁可二三里四山壁立雲霧掩靄遠近桃林照暎蒸霞又有竹林茅宇柴扉半開土砌已頹雞犬牛馬闕前川惟有扁舟隨浪撗移情境蕭條若仙府然是踟躕瞻眺者久之謂仁叟曰架巖鑿谷開家室豈不是歟實非畵也沈吟久之情境蕭條又有數人在後乃自文爰等同遊相與整履陟降顧眄睠顧覺焉而遂都大邑間繁華者名官之亭遊寓覺崖谷之遊道者乃幽隱者之所居也爰之到山林陶情泉石之相妒者多矣何必桃源那余意其性好曲僻素喜泉石而徒是也與數子者交遊尤厚故致與也於是乎圖之但未知古人之記桃源者亦若是乎後三日圖旣成書于匪懈堂之梅竹軒

「몽유도원도」에 실려 있는 안평대군의 친필. 29세 때의 작품이다.

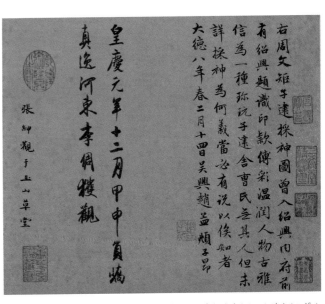

右周文矩子建採神圖曾入紹興間府前有紹興題識印款傅彩溫潤人物古雅信爲一種珎玩子建舍曹氏至其人但未詳採神爲何義當必有說以俟知者大德八年春二月十四日吳興趙孟頫子昂

皇慶元年十二月甲申贅壻真逸河東李倜穀觀

張紳觀于玉山草堂

조맹부의 송설체. 안평대군은 송설체에 능했다.

「몽유도원도」, 안견, 비단에 먹, 38.7×106.5cm, 1447, 일본 덴리대 중앙도서관.

되었다. 안평대군이 쓴 「몽유도원기夢遊桃源記」의 끝에는 '비해당지
매죽헌匪懈堂之梅竹軒'이라 적혀 있다.

풍요로운 환경 속에서 시문과 서화 및 음악에 조예가 깊은 청년
으로 자라난 안평대군은 바둑, 탐승探勝, 매 사육, 화초 재배 등의
취미와 풍류를 즐겼고, 천성이 총명하고 활달하여 쟁쟁한 학자들
에서 사찰의 승려에 이르기까지 교제 범위가 넓었다. 안평대군의
행적에 대해서는 『안평사적安平史迹』이 훗날의 기록으로 전하고 있
으며, 조선 후기의 비극 소설 『숙영낭자전』을 통해 안평대군의 내
면이 연구되기도 한다.

안평대군은 서예사에서 위상이 뚜렷한 서예가였다. 특히 원나
라 송설도인松雪道人 조맹부趙孟頫의 서체 송설체松雪體에 능했다. 현
전하는 「몽유도원도」 뒤에 실린 안평대군의 「몽유도원기」를 조맹
부의 글씨와 비교하면, 안평대군의 송설체 경지와 특유의 섬세한
기질을 볼 수 있다. 이 글을 쓸 때 그는 29세였다. 중국 사신들이
안평대군의 글씨에 놀라고 중국 황제가 높이 칭송한 사실은 그 명
성을 뒷받침해준다. "글 쓰기 좋아하는 왕자가 즐겨 필연筆硯에 임
하니, 송설의 풍류도 한때였노라好書王子喜臨池 松雪風流又一時"라고
한 박팽년의 칭송은 이를 말하는 것이었다.

안평대군은 또한 시문으로 문인들과 어울리기를 좋아했다. 왕
자와 문인들의 잦은 시회詩會와 시권詩卷의 제작은 조선 전기 문학
현상의 흥미로운 일면으로 남아 있다. 1442년 『비해당소상팔경시
첩匪懈堂瀟湘八景詩帖』의 제작이 그러했고 훗날 「비해당사십팔영匪懈
堂四十八詠」의 시를 지어 집현전 학사들과 성대한 시 잔치를 벌인 것
역시 마찬가지다. 안평대군의 중국 시선집 편집도 중요한 문학적

조선 사람들의
돈행

46

『증보문헌비고』, 규장각한국학연구원. 『비해당집』에 대한 내용이 기록되어 있다.

업적이다. 안평대군은 당송대 문사들의 시문을 엮은『당송팔대가시선唐宋八大家詩選』(1447)을 비롯해 백거이白居易, 황정견黃庭堅, 왕안석王安石, 매요신梅堯臣 등의 시문을 별도로 편집하고 서문을 썼으며, 의학과 불경의 서적 편집도 주관했다. 안평대군의 시문을 모은『비해당집匪懈堂集』에 대하여는『증보문헌비고增補文獻備考』에 전하는데, 지금은『비해당집』을 찾아볼 수 없다.

안평대군은 동아시아 예술사에서 주목할 만한 콜렉터였다. 신숙주가 쓴「화기畫記」(1445)는 안평대군 수장고의 높은 수준과 방대한 규모를 알려준다. 「화기」는 신숙주의 문집『보한재집保閑齋集』과『동문선』에 모두 전하고 있다. 이 글에 따르면, 안평대군에게는 서화 222축이 있었으며, 그 가운데 회화가 189점이고 그중 148점은 중국 고화였다. 중국 그림의 기록에서 만나게 되는 유명한 화가와 다양한 그림 제목들 앞에서 오늘날 미술사학자들의 눈은 마냥 휘둥그레진다. 동진東晉의 고개지顧愷之, 당唐의 오도자吳道子와 왕유王維의 작품에서 출발하여, 고려로부터 조선의 학자들이 산수화의 최고 화가로 통칭했던 북송北宋 곽희郭熙의 산수화를 15점 소장했고, 고려시대에 높은 칭송을 받은 원나라 장언보張彦輔의 산수화는 6점이었다. 송나라, 원나라의 화려한 채색화조화부터 수묵화조화에 이르기까지 두루 갖추고 있었다. 여기서 안평대군이 소장한 송나라의 소동파, 곽희, 원나라의 이필, 장언보, 왕면 등의 작품 예만을 보이면 다음과 같다.

소동파蘇東坡의 진서眞書 조주비潮州碑 인본印本 1, 풍죽風竹·설죽雪竹·춘죽春竹 각각 1, 문여가文與可의 풍죽도風竹圖 1, 순죽도筍竹圖 4. 곽희郭熙의 춘경 1, 추경 1, 삭풍표설도朔風飄雪圖 1, 하경청람도夏景青嵐圖 1, 수석도水石圖 1, 풍우도風雨圖 1, 강설도江雪圖 1, 재학도載鶴圖 1, 고목평원도古木平遠圖 2, 산수도 1. 평사낙안도平沙落雁圖 1, 강천모설도江天暮雪圖 1. 임정도林亭圖 1, 급우도急雨圖 1, 투우도鬪牛圖 2.

조맹부趙孟頫의 행서行書 묵죽墨竹, 선우추鮮于樞의 초서草書, 왕공엄王公儼의 목화도木花圖, 목과도果木圖, 패하노사도敗荷鷺鷥圖, 황응도黃鷹圖, 해청도海青圖, 도화요자도桃花鷂子圖, 아골도鴉鶻圖, 이필李弼의 등왕각도滕王閣圖, 화청궁도華清宮圖, 소상팔경瀟湘八景, 이십사효도二十四孝圖, 고목도古木圖, 현애준각도懸崖峻閣圖, 장언보張彦甫의 계산우과도溪山雨過圖, 절안도絕岸圖, 장림권운도長林捲雲圖, 수묵운산도水墨雲山圖, 예중倪中의 시가 있는 송석도松石圖, 게해사揭奚斯의 시가 있는 그림.

15세기 동아시아의 회화 수준을 보여주는 안평대군의 수장고는 중국 회화사에서도 눈여겨볼 만한 자료다. 한 예로 5점이 소장된 원나라 장언보의 산수화는 오늘날 중국 회화사에서 망각하고 있는 부분이다.

안평대군은 또한 세종의 한글 창제를 적극적으로 도왔던 언어학자였다. 세종이 명을 내려 중국의『홍무정운洪武正韻』을 번역하고『동국정운東國正韻』을 편찬하라 하자, 1444년에서 1447년에 걸쳐 박팽년, 최항, 신숙주, 강희안 등과 안평대군, 수양대군이 모두 편찬에 참여했다. 뒤에 인용할「몽유도원기」의 후반부에서 읽을 수 있듯이, 안평대군은 우리나라의『동국정운』을 편찬하는 일에 대한 자부심이 대단했다.

안견, 조선 전기 최고의 실력자

안평대군의 시절, 가장 뛰어난 화가는 안견이었다. 안견은 명실공히 조선 전기 최고의 실력자로 회화사에 서술된다. 그의 생몰년은 알려져 있지 않지만, 1400년 즈음에 태어나 세종대와 문종대 전후에 가장 두드러지게 활약하고 성종 초기까지도 활동한 것으로 드러난다. 안견은 도화서 화원이었지만 정4품 호군護軍까지 벼슬이 올랐을 만큼 인정받았다. 호는 현동자玄洞子이며, 본관은 지곡池谷이다.

안견의 진작으로 전하는 것은 1447년작「몽유도원도」뿐이지만, 실록과 문집 등을 두루 살피면 왕실의 행사에서 중요한 그림을 도맡아 그렸던 화가였다는 사실을 알 수 있다. 몇 가지만 들어보면, 앞서 언급한 1442년『비해당소상팔경시첩』의 시회에서 안견은 「소상팔경도」를 그렸고, 그해 안평대군의 초상화를 그렸으며, 1446년 세종의 어명 아래「팔준도八駿圖」를 그린 일이 매우 유명하고, 1447년에는 안평대군의 꿈을 담은「몽유도원도」를, 1448년에는 여러 점의 왕실 의장도儀仗圖를 그렸다. 1487년(성종 18)에 명나라 사신 김식金湜이 우리나라 대나무 그림을 얕잡아봤을 때, 왕이 안견으로 하여금 그려 보이게 함으로써 김식을 굴복시킨 일화가 전하고 있다. 명나라의 김식은 1464년(세조 10)에 왔고, 성종 때 다시 왔는데『진휘속고震彙續稿』에서 안견의 일화를 성종 때로 기록했다. 1447년「몽유도원도」를 그린 화가의 40년 후 행적이라는 점이 놀랍고 의아하다. 한편 1471년 성종이 안견의「청산백운도靑山白雲圖」를 꺼내와 감상하고 문인들이 어울려 시를 지은 일을 실록과 여러 문집에서 확인할 수 있다. 안견의 많은 작품 중에서 뒷날 높은 칭송을 받는 그림은 왕실에 내장되는「청산백운도」와 세종 때 제작한「팔준도」였다.『해동잡록』은 안견의「청산백운도」를 '절대 보물絶寶'이라 극찬했고,「팔준도」의 의미를 자세히 기록했다. 훗날 숙종대의「팔준도」제작에서 안견의「팔준도」는 기준으로 작용했다. 이외에도 안견의 그림에 대한 왕실의 관심은 다양한 기록으로 전한다. 선조 3년(1570)에는 어명으로 김굉필金宏弼(1454~1504)의 유품이 조사되었는데, 여기서 안견의 그림「10폭

『해동잡록』, 조선시대, 규장각한국학연구원. 안견의 「청산백운도」를 '절대 보물'로 극찬하고 있다.

병」(산수 및 화초)이 도화서에서 김굉필을 거쳐 민가로 흘러든 것이 발견되었다. 이를 기록한 조식曺植(1501~1572)에 따르면 안견의 소폭 그림들은 "자연의 진수를 그대로 그려내 꽃과 풀에서 향내가 나고 새와 지금地禽은 털이 살아 있는 것 같았다"고 한다. 안견은 화목의 그림에도 능했던 것을 볼 수 있다. 또한 세종대에 출간된 『삼강행실도三綱行實圖』의 밑그림을 안견이 그렸다는 사실이 확인되고 있다. 행실도는 조선 왕실에서 꾸준히 재간행한 서적이다. 안견의 밑그림은 정조대에 김홍도가 『오륜행실도五倫行實圖』의 밑그림을 다시 그리기 전까지 전형의 역할을 했던 것이다.

문인들 사회에서도 안견은 오래도록 최고의 화가로 인정받았다. 성현成俔(1439~1504)이 『용재총화』에서 "지금 사람들이 안견의 그림을 아끼고 간직하기를 금옥과 같이 여긴다"고 한 구절이 이를 말해준다. 퇴계 이황李滉(1501~1570)은 안견의 「산수도 8폭」을 어루만지며 긴 시를 남겼는데, 이것이 『퇴계집』에 전한다. 율곡 이이李珥(1537~1584)는 모친 신사임당申師任堂의 「선비행장」에서 사임당이 어려서 안견의 산수화를 모방한 성과를 기록했다. 16세기까지 우리나라 최고의 화가는 단연코 안견이었고, 적어도 임진왜란이 일어나기 전까지 한양 곳곳에서는 적지 않은 안견의 진작들이 감상되고 있었다. 17세기의 문인 이식李植(1584~1647)이 중국의 세밀한 기록화(수양남행도隋煬南幸圖)를 보며 '안가도安可度의 무리'가 나와도 못 당할 것이라 한 것은 17세기까지 최고 실력의 화가는 안견으로 통하던 상황을 말해준다.

화려한 동행

다재다능하고 풍류가 넘쳤던 왕자 안평대군과 조선을 횡단했던 실력 있는 화가 안견. 두 사람은 자신들이 가장 찬란하게 빛났던 시절을 동행했다. 도화서의 화원 안견이 무슨 사연으로 안평대군과 각별한 사이가 되었는지 우리에게 알려진 바는 없으나, 안견의 뛰어난 그림 재주가 안평대군의 안목에 쏙 들었던 것은 분명하다. 가장 주목할 만한 기록은 1445년 신숙주의 화기다. 안평대군의 수장고에 든 우리나라 화가는 안견 한 사람이었다.

우리 조정에서는 한 사람을 취했으니, 안견이다. 비해당을 따라 교유한 지 오래되었기에 그의 그림이 가장 많다. 지금 팔경도八景圖 각각 1, 강천만색도江天晚色圖 1, 절안쌍청도絶岸雙淸圖 1, 분류종해도奔流宗海圖 1, 천강일색도天江一色圖 1, 설제천한도雪霽天寒圖 1, 황학루도黃鶴樓圖 1, 등왕각도滕王閣圖 1, 우후신청도雨後新晴圖 1, 설제여한도雪霽餘寒圖 1, 경람필련도輕嵐匹練圖 1, 제설포겸도霽雪舖縑圖 1, 수국경람도水國輕嵐圖 1, 강향원취도江鄕遠翠圖 1, 기속생화도起粟生花圖 1, 춘운출곡도春雲出谷圖 1, 유운포학도幽雲蒲壑圖 1, 광풍급우도狂風急雨圖 1, 규룡반주도虯龍反走圖 1, 장림세로도長林細路圖 1, 은하도괘도銀河倒掛圖 1, 절벽도絶壁圖 1, 묵매죽도墨梅竹圖 1, 수묵백운도水墨白雲圖 1, 산수도 2, 노안도蘆雁圖 1, 목화도木花圖 2, 장송도長松圖 1이 있다.

"교유한 지 오래"라는 표현과 함께 이어지는 안견의 작품 목록 속에 적지 않은 의미가 담겨 있다. 안평대군의 중국화 수장 목록과 안견 작품 목록의 어울림이 산수, 화목, 수묵 매죽에 이르는 양상을 살피면, 안견이 안평대군의 소장품을 살피고 모사하며 그 가운데 잘 그려진 것이 안평대군 소장품이 되어온 여러 해의 세월을 읽어낼 수 있기 때문이다.

아마도 1442년 25세의 안평대군이 자신의 초상화를 안견에게 맡길 때, 안견의 그림 실력에 상당한 믿음이 형성되어 있었으리라 추정된다. 훗날 안평대군은 신숙주에게 안견이 그려준 초상화를

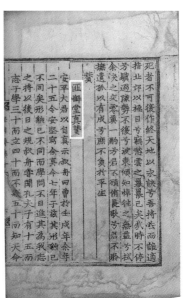

『보한재집』, 신숙주, 조선시대, 규장각한국학연구원.

내보이며 글을 부탁했다. 『보한재집』에 실린 신숙주의 글을 통해서 이러한 초상화가 존재했음을 알 수 있을 뿐이다. 초상화를 펼쳐 보이며 안평대군은 자신의 젊은 날을 성찰하며 새로운 다짐을 하고자 했다. 이러한 안평대군의 태도로 보건대, 안견의 초상화는 상당한 수작이었고 안평대군이 안견과 맺은 관계는 참으로 돈독했던 사정을 살필 수 있다. 이후로 안평대군이 주도한 왕실 안팎의 크고 작은 시회에서 그림을 도맡았던 화가는 안견이었다.

1447년 「몽유도원도」의 제작이 안견에게 요청되자 안견을 이를 3일 만에 완성했다. 이 놀라운 사실을 안견의 그림 실력만으로 설명하기는 어렵다. 두 사람이 함께한 오랜 시간이 없었다면 불가능한 일이었기 때문이다. 안견은 안평대군의 마음을 알았고 원하는 화풍을 알았으며, 또한 그것을 그릴 수 있었다. 현전하는「몽유도원도」뒤에 실린 안평대군의「몽유도원기」를 읽노라면 다음 구절에서 잠시 머물게 된다.

안견으로 하여금 그림으로 만들게 했다. 다만 '옛날부터 전해지는 도원'이 이와 같았는지 알 수 없구나. 훗날에 이 그림을 보는 사람이 '옛 그림'을 구하여 나의 꿈과 비교한다면 반드시 무슨 말을 할 거야.

於是令可度作圖. 但未知古之所說桃源者 亦若是乎. 後之觀者求古圖, 較我夢, 必有言也.

안평대군은 안견이 그린 그림으로 자신의 꿈을 영원히 이 세상에 남기고자 했고, 먼 훗날의 후손들이 두고두고 펼쳐보며 생각하고 또 이야기해주기를 바라고 있다. 그 표현은 사뭇 간곡하며, 또한 안평대군의 안견에 대한 신뢰가 든든하다.

'옛날부터 전해지는 도원'이 정작 안평대군에게 어떤 곳이었기에 그곳을 꿈에 찾았노라며 그림을 남겼던 것일까. 텅 빈 도원을 꿈에 찾아가는 이야기라면, 사실 고려 후기의 문인 이색李穡(1328~ 1396)의 시「꿈을 기록하노라記夢」에서도 읽을 수 있다. 안평대군은 그 꿈의 방식을 빌려 집현전 학자 3명과 함께 도원을 방문했노라고 세상에 공표했다.「몽유도원기」에 꿈을 기록한 첫 부분과 끝 부분에 박팽년, 최항, 신숙주의 이름이 등장한다.

1447년(정묘년) 음력 4월 스무 날 밤, 내가 자리에 들자 정신이 나른하여지더니 푹 잠에 들었고 꿈까지 꾸었다. 나는 홀연히 인수 박팽년과 더불어 산 아래의 한 곳에 이르렀다. (…) 내 뒤에는 정부 최항崔恒과 범 옹 신숙주 등 함께 『동국정운』을 편찬한 이들이 있었다. 우리는 신발 끈을 조이고 오르내리며 유유자적 돌아보다가 문득 깨었다.

안평대군의 도원 방문은, 저 옛날 5세기 도연명陶淵明의 「도화원 기」에 묘사된 어부의 도원 방문과는 그 양상이 다르다. 어부는 홀 로 현실과 영원히 단절된 세계를 보고 왔을 뿐이다. 그러나 안평대 군은 그의 현실을 도원까지 확장시키는 낙관적 포부를 표현했다. 한글을 함께 만들던 건강한 동지애였는지도 모른다. 분명한 것은 지명한 학자들과의 힘찬 현실로 멋진 미래를 기약하는 마음이다. 「몽유도원도」가 완성되자 안평대군은 정치계, 종교계, 학계의 인 사들을 불러모아 꿈의 현실화를 축원받았다. 그 내용은 대개 무 병장수에의 기원이거나 이상사회의 구축에 대한 기대였다.

안견은 안평대군의 꿈을 충실하게 보여주려고 노력했다. 그림의 시작은 왕자가 잠에 들어 문득 이른 산기슭, 즉 화면의 가장 왼편 이다. "산 아래의 한 곳에 이르렀다. 산봉우리는 층층으로 솟고, 골짝은 깊고 그윽했으며, 복숭아나무 수십 그루가 있었고, 좁다 란 길이 숲 밖으로 갈라져 있었다." 그림 속 산기슭에서 바라보면 산이 층층 솟았고 그 사이로 골짝이 깊다. 왕자와 박팽년이 지나 는 산은 "산벼랑이 울뚝불뚝하고 숲이 빽빽하며 물길은 백 굽이 로 휘어지니, 하마터면 길을 잃을 것 같았다"는 산속 굽잇길이다. 험준한 산세를 보여주고자 그림은 중국 북방의 산세를 그려낸 북 송北宋 산수화의 필묵법을 택했다. 곽희의 화풍이 곧 이것이다. 안 평대군이 곽희의 산수화를 15점이나 가지고 있었고 안견은 이를

「몽유도원도」(부분).

익혀두었다. 그림 속 산들은 하늘을 찌를 듯 높거나 쓰러질 듯 기이하다. 그 뒤로 자욱한 안개가 깔리고 희미한 산봉우리가 다시 겹겹이라, 깊은 산의 입체감이 작은 그림에 잘 표현되어 있다. 산석山石의 주름은 잘게 흔들리는 선으로 가득 채워 역동성을 가미했다. 산과 골짝을 따라 하얗게 드러난 길은 산 아래에서 시작해 산 중턱에 나타나고 다시 저 멀리 이어지고 있다. 안평대군과 박팽년이 힘차게 말을 달린 길이다.

화면의 중간에 이르면 험악한 산세가 수그러들고, 계곡의 나지막한 곳을 따라 도원으로 드는 동굴이 나타난다. 동굴을 빠져나오면 도원이다. 안평대군의 기록은 다음과 같다.

골짝으로 들어서니 마을이 탁 트여 2, 3리쯤이고, 사방에는 산이 바람벽처럼 솟아 있으며 구름과 안개 자욱한데 멀고 가까운 곳의 도화 숲에는 붉은 노을이 어리비치고 있었다. 대나무 숲과 초가가 있고 싸리문이 반쯤 열려 있으며 흙섬돌은 이미 무너졌고 닭, 개, 소, 말 등은 없었으며 앞 시내에 조각배가 물결에 건들거리고 있었다. 그 정경이 쓸쓸하고 깨끗하여 마치 신선의 마을 같았다.

그림 속 도원은 산이 둘러 솟아 있다. 이곳이 오래동안 숨겨지며 드러나지 않았던 이유다. 복숭아 숲에는 붉은 노을이 물결처럼 너울대고 복사꽃 분홍이 점점으로 빼곡하다. 저 뒤로는 집 두어 채가 자그마하다. 사람도 동물도 없이 고요하고 너른 도원 위로 거대한 고드름 산악이 드리워져 있지만, 도원 전체에 베풀어진 화사함으로 하늘을 에워싼 바위 천장이 어둡게 느껴지지 않는다. 안견은 도원의 내부를 화사하게 하고자 진사, 연지, 호분, 등황 등을 풀어 홍, 분홍, 연분홍, 주홍의 색을 내며, 금가루를 이겨 금빛을 더했다. 환상의 표현이었다.

지금은 바탕인 비단이 짙게 변했다. 희고 고운 깁에 홍색과 금색이 눈부셨던 원래의 화면을 우리는 상상해보아야 한다. 「몽유도원도」가 처음 펼쳐졌을 때 양지의 학자들이 만년에 놀라움의 빛을 띠고 숨소리를 삼키며 바라보았던 그 순간으로 돌아가기 위함이다.

「몽유도원도」는 젊은 왕자의 패기와 포부, 새 왕조를 주도하는 시절의 자부심, 여기에 총명한 화가의 재치와 노력이 어우러진 화면이었다. 한 시절 한 무리의 젊은이들이 꿈꾸었던 분홍빛 미래의 보고報告였다. 이 시절의 안평대군은, 수양대군의 정권 집탈로 그

「몽유도원도」(부분).

의 정원과 이 소장품들이 하루아침에 재로 변할 배반의 미래에 대하여 꿈도 꾸지 못했을 것이다.

이후 안평대군은 궁전 가까운 곳에 자리를 점지하여 꿈에 본 '무릉도원의 계곡'을 재현하고 집을 지었다. 왕자의 현실에 도원의 꿈을 더해놓은 곳이었다. 또한 그가 꾸민 정원 비해당에서는 진귀하고 값비싼 꽃들을 가득 재배했다. 신숙주는 비해당의 모습을 그린 안견의 그림 속 누각에 채색과 금색의 안료가 사용된 모습을 읊은 적이 있다.

안견은 안평대군을 만난 덕분에 정계의 정상급 모임에 들었고, 중국의 회화 진작을 어루만지며 그림 실력을 높이고 최고의 화가로 성장할 수 있었다. 안견에 대한 안평대군의 특별한 총애는 식을 줄 몰랐다. 그러나 안견은 홀연히 왕자 곁을 떠나기로 결심했다. 몽유도원의 핑크빛 무드에 끼어 있는 먹구름을 감지했기 때문이다.

이상한 결별

안견이 안평대군을 떠나간 결별의 사건에 대하여 백호白湖 윤휴尹鑴(1617~1680)의『백호전서白湖全書』는 다음과 같이 전하고 있다.

권성중權聖中이 자기 집에 예전부터 소장해온 산수도 여덟 폭을 나에게 보여주었는데, 이는 우리 조정의 안견이 그린 것이다. 안견은 그림으로 우리 동방에 이름을 떨쳤는데, 특히 산수로 더 드러났다고 한다. 나는 그림을 알지 못하나, 일찍이 안견의 사람됨에 대해서 들어보니, 대체로 그의 그림만 사랑스러운 것이 아니었다. 광묘光廟가 정난靖難할 당시에, 안평대군은 고귀한 공자公子로서 문장文章과 재화才華와 한묵翰墨으로 스스로 즐기면서 한때의 명류들과 두루 교유했으므로, 누구도 그를 흠모하여 불좇지 않은 이가 없었다. 안견 또한 기예로써 공자의 초대를 받았는데, 안견은 본디 필치가 뛰어났으므로, 공자가 특별히 그를 사랑하여 잠시도 그의 문 안을 떠나지 못하게 했다. 그러니 안견으로서는 시사時事가 위태로움을 알고서 스스로 소원해지고 싶어도 그렇게 할 수가 없는 상황이었다.

그러다 하루는 공자가 연시燕市에서 용매묵龍媒墨을 사다놓고 급히 안견을 불러 먹을 갈아서 그림을 그리게 했는데, 마침 공자가 일어나

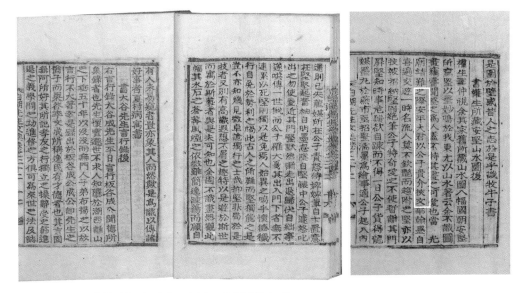

『백호선생문집』, 윤휴, 조선시대, 규장각한국학연구원.

내당內堂에 들어갔다가 돌아와 보니 용매묵이 없어졌다. 공자가 노하여 시비侍婢를 꾸짖으니, 시비들이 스스로 변명하면서 안견을 의심하는 기색이 있었다. 안견이 일어나서 소매를 떨치며 스스로 변명을 하는 도중에 먹이 갑자기 안견의 품 안에서 떨어졌다. 이에 공자가 대번에 노하여 그를 꾸짖어 버렸으면서 다시는 그의 집에 근접도 하지 못하게 했다. 안견은 부끄러워 말도 못 하고 달려나와 집에 돌아와서는 꼼짝도 하지 않고 은복하여 자중하게 되었는데, 이 일이 마침내 온 세상에 떠들썩하게 전파되었다. 그런데 이윽고 공자가 대죄大罪에 걸리자, 그의 문하에 출입하던 자들이 모두 연루되어 죽었으나, 안견만은 유독 이 일 때문에 화를 면했으므로, 사람들이 그제야 비로소 그를 이상하게 여겼다.

아, 덕을 품고서 고의로 더러운 행실을 하여 세리勢利의 화를 스스로 면하는 일은 옛사람도 하기 어려운 일인데, 안견이 유독 이 일을 해냈으니, 이 사람이 어찌 또한 기미를 알고 세속을 초월하여 자기 소신대로 처신한 선비가 아니겠는가. 게다가 안견은 이 기예에만 국한된 사람이 아니라 또 별도로 높은 식견과 원대한 생각과 세상을 탐탁잖게 여기는 지취가 있으면서도 다만 이것으로 이 세상에 처신하면서 이 기예에 몸을 의탁한 자가 아닌가? 이것을 알 수가 없다.

나는 본디 그림을 알지 못하나, 이 화폭을 보건대, 그 수석水石의 푸르고 아득함과 풍연風煙의 흐릿함은 비록 간일簡逸하고 소탕疏蕩하기는 하나, 또한 절로 남들이 쉽게 엿볼 수 없는 것이 있으니, 이제 또한 그 위인을 닮아서 그런 것이 아니겠는가. 이렇게 기록하여 호사자好事者들에게 전하는 바이다. 하촌夏村의 병든 우객寓客은 쓰노라.

이 글은 「권생이 소장하고 있는 안견의 산수도 후미에 쓰다書權生所藏安堅山水圖後」이다. 안견의 산수화 한 폭을 칭송하면서, 안평대군과의 결별 비화를 기억으로 기록하고 있다. 이 사건에 대한 후대의 기억은, 안견이 '시사時事가 위태로움'의 기미를 감지한 기인이라는 점이다. 윤휴는 안견이 짐짓 더러움을 행하여 '세리勢利'의 화를 면했다고 설명했다. 윤휴의 위 글은 안견과 안평대군의 결별이 일어난 지 200여 년 후의 기록이니, 이 사건이 인구에 오래 회자되었던 정황도 살필 수 있다. 이들의 헤어짐에서 역할한 물건이 먹한 덩어리였다는 점도 아이러니하다. 그것도 고급 먹의 대명사인 '용매묵龍煤墨(龍媒墨)'이었다. 동행의 매체였던 서화書畫의 먹이 결별의 매체가 된 것이다.

윤휴가 지목하는 시사의 위태로움은 1453년 음력 10월 10일에 발생한 계유정난이다. 세종의 둘째 아들이자 안평대군의 형 수양대군은 단종에게서 왕위를 찬탈하고, 그날로 동생 안평대군을 강화도로 유배시켰다. 그런 지 열흘도 안 되어 안평대군은 교동도喬桐島에서 사사되었다. 안평대군의 아들은 연좌제로 처형되었고, 안평대군의 아내는 관의 노비가 되었으며, 며느리와 딸은 노비로 분배되었다. 안평대군이 맞은 비극의 결말에 대하여 무어라 묘사할 길이 없다. 한편, 왕자를 떠난 안견은 화가로 계속 활동했는데, 아마도 안평대군과의 동행을 회고하는 시간이 더 많았을 것이다.

안평대군이 소장했던 서화들은 어떻게 되었을까. "세조가 이용과 이현로의 집에 있는 글을 모두 불태워버렸다"는 기록이 『단종실록』 1453년 10월 25일자에 있다. 그러면 안평대군의 분홍빛 미래를 펼쳐 보인 「몽유도원도」가 살아남기는 어려운 상황이었다. 우리는 누가 「몽유도원도」를 숨겨 온전히 보관했는지 알지 못한다. 세조 치하에서 이 그림을 보관하는 것은 쉽지 않은 일이었다. 지금은 그마저 이웃 나라에서 타향살이 중이다. 일본에서는 「몽유도원도」가 임진왜란 때 조선에서 자국으로 들어왔다고 한다. 현재 「몽유도원도」는 자국의 중요문화재로 지정되어 있다.

3장

동상이몽의 예정된
파국

◉

중종과 조광조

─────────────

송웅섭

예견된 비극

해 저문 하늘은 먹빛처럼 어둡고	日落天如墨
깊은 산골짝은 구름 속같이 아득하네	山深谷似雲
임금과 신하의 천 년 의리여!	君臣千載義
처량하구나! 한 무더기 외로운 무덤이로세.	惆悵一孤墳

조광조가 사사되고 얼마 지나지 않은 때에 성세창이 지은 시다. 해진 뒤의 어둑어둑한 하늘과 깊은 산속 안개 낀 골짜기가 주는 무거운 이미지 속에서, 중종에게 배신당해 죽임을 당한 조광조의 처연함이 묻어난다. 성세창은 기묘사화가 일어나고 얼마 안 있어 꿈속에서 조광조를 만났다고 한다. 이 시는 꿈속에서 조광조가 자신에게 들려준 것이었다. 그리도 깊이 신뢰해주던 중종에게 버림을 받은 조광조의 심정이 이렇지 않을까 하는 사람들 사이에서의 수군거림이 성세창의 꿈속에 투사된 것으로 보인다. 그만큼 조광조에 대한 중종의 처사가 당혹스럽고 각박하게 느껴졌던 것이

「정암조광조선생추모비」, 송준길 서書, 송시열 기記, 민유중 전篆, 종이에 탁본, 164.0×79.2cm, 고예가.

리라.

소격서 혁파 이후 다소 서먹해지긴 했지만 그래도 중종의 조광조에 대한 대우는 여전히 각별했다. 그랬던 중종이 갑자기 돌변한 것이다. 중종은 사화가 일어나던 날 밤 조광조를 의금부에 하옥시킨 것은 물론, 대신들의 만류에도 불구하고 집요하게 그의 사형을 고집했다. 즉시 처형시키고자 했던 애초의 계획은 상황이 여의치 않아 실패했지만, 겨우 한 달을 기다리고는 기어코 조광조의 사형을 집행시키고 말았다. 유배지에 머물던 조광조로서는 자신의 운명을 어느 정도 짐작했겠지만, 사화가 일어나던 날 밤 조광조가 느낀 황당함은 당혹스러움 그 자체였을 것이다.

중종과 조광조! 두 사람은 분명 지치주의至治主義라 불리는 도학 정치의 실현을 향해 함께 걸어간 동반자였다. 하지만 두 사람의 동행은 오래가지 못했다. 아니, 처음부터 오래갈 수 없는 것이었다. 왜 그런 걸까? 기묘사화의 발생과 조광조의 죽음을 '중종의 배

『국조유선록』, 20.7×31.8cm, 소수박물관. 1571년 유희춘이 선조의 명을 받들어 편찬한 책으로, 김굉필, 정여창, 조광조, 이언적 사현四賢의 행적을 담았다.

신'이라는 시각에서만 접근하는 것은 다소 단순한 감이 없지 않다. 중종을 변호해주자는 얘기는 아니다. 이 무렵 전반을 관통하는 권력 구조의 변화 속에서 국왕 중종의 입장과 청요직 영수 조광조의 입장을 이해할 필요가 있다는 것이다. 그래야 사화 발생의 원인도, 중종의 돌변도 이해될 수 있다. 필자가 들여다보고 싶은 바는 각기 달랐던 두 사람의 처지가 무엇이었는가 하는 바로 그 지점이다.

불안한 권좌를 지켜야 했던 중종

중종은 성종과 정현왕후 사이에서 태어났다. 연산군의 모친 윤씨가 폐위된 뒤 왕비로 즉위한 여인이 정현왕후다. 그리고 정현왕후가 낳은 아들이 진성대군, 곧 반정으로 왕위에 오른 중종이다. 그러니까 중종은 형이 폐위되면서 왕이 된 것이다.

흥미로운 사실은, 중종은 자신이 왕위에 오르리라고 전혀 생각하지 못했다. 반정이 일어나기 전날까지도 몰랐다. 자고 일어났더니 반정 주동자들이 자기 집에 들이닥쳐 왕이 되라고 강권해서 왕이 되었다. 중종 이전의 정변에서는 왕이 될 사람이 정변을 주도한 뒤 왕위에 올랐다. 하지만 중종의 경우는 달랐다. 반정이 모의되고 있다는 사실도, 거사가 성공한 다음 자산이 왕이 될 것이라는 사실도 알지 못했다. 심지어 모후 정현왕후는 중종 대신 당시의 세자, 그러니까 연산군의 아들을 왕으로 세우는 것이 좋겠다는 입장을 표명하기까지 했다. 반정 과정에서 중종과 정현왕후가 어떤 위치에 있었는지를 알 수 있는 대목이다.

중종은 반정을 성공시키는 데 아무런 지분이 없었다. 그렇기 때문에 왕권도 약했다. 부인 신씨가 즉위 9일 만에 폐위된 사실은 이러한 사정을 잘 보여준다. 신씨의 부친 신수근은 중종에게는 장인이며 연산군에게는 처남이 되는 왕실과 깊은 관계를 갖고 있던 인사였다. 반정 모의 과정에서 박원종 등이 신수근에게 동참을 요구했으나 이를 거부했다. 그 결과 반정에 성공한 뒤 위협이 될 만한 사람들을 제거하는 과정에서 임사홍과 함께 신수근 또한 제거되었다. 따라서 박원종 등은 왕비가 된 신씨가 눈에 거슬릴 수밖에 없었다. 신수근을 처형한 당사자들로서 혹시라도 신씨에 의해 자신들의 처지가 곤란해지지 않을까 염려되었다. 지금이야 반정 주모자들이 실권을 장악하고 있어 별다른 문제가 되지 않겠지만, 자신들의 권력이 언제까지 계속될 수 있을지 장담하기 힘든 노릇이었다. 따라서 후환을 없애는 차원에서 신씨의 폐위를 단행했던 것이다. 그럼에도 중종은 저항은커녕 오히려 왕비를 폐위시킨 박원종 등에게 철저히 기대어 왕위의 안정을 도모해야만 했다. 즉위 초반 중종의 권력이 어느 정도였는지를 알 수 있는 대목이다.

반정이 성공을 거두고 중종의 치세가 시작되었지만 역모에 대한 고변告變과 그에 따른 옥사가 연이어 일어났다. 이로 인해 중종의 불안감은 가시질 않았다. 반정 후의 정국은 박원종·유순정·성희안 삼공신을 중심으로 운영되면서, 표면적으로는 안정되어가는 듯했다. 하지만 신하들이 주도하고 군주가 떠앉혀진 초유의 사건은 정국을 격동시키고 있었다. 또한 정국공신靖國功臣들 중 상당수가 연산군의 총애를 받던 인물이거나 그들의 인척이었던 터라 이에 대한 불만이 적지 않았다. 무엇보다 유자광 같은 인사가 반정공신에, 그것도 1등에 올라 여전히 특권을 누리고 있는 상황은 많은 사람을 분노하게 했다. 따라서 조야를 막론하고 공신 책봉에 대한 불만을 토로하는 이가 많았다. 공신 책봉의 과도함을 지적하는 대간의 상소에서부터, 자신들에게 내려진 포상이 부족하다는 일부 인사들의 불평에 이르기까지 다양한 불만이 제기되었고, 그 과정에서 다소 지나친 말을 한 사람들이 역모로 고변되면서 옥사가 이뤄졌다.

중종 2년 윤1월 김공저·박경의 옥사를 시작으로, 중종 2년 8월

「유순정 정국공신화상」, 비단에 채색, 172.0×111.0cm, 18세기, 서울특별시 유형문화재 제221
호, 서울역사박물관. 중종반정의 공로로 정국공신 1등에 녹훈된 유순정의 공신화상. 1507년 이과
등이 견성군을 추대해 덕모를 꾸미자 이를 처리한 공로로 정난공신 1등에 다시 녹훈됐으며, 중종
의 묘정에도 배향되었다.

에는 이과의 옥사가, 중종 3년 11월에는 신복의·동청례의 옥사가
연이어 일어났다. 김공저·박경의 옥사는 유자광 같은 간신이 공신
에 책봉된 데 대한 불만을 토로하던 중, 반정의 핵심 주모자인 박
원종과 유순정을 제거하고 새로운 임금을 새워야 한다는 말을 했
다는 혐의로 이루어진 것이다. 이과의 옥사는 원종공신에 참여한
이과가 포상에 불만을 품고 박원종 등을 제거한 뒤 견성군 돈甄城
君惇을 추대하려 했다는 혐의로 이루어진 것이다. 신복의·동청례
의 옥사는 중종이 몸이 아파 상참과 경연에 참여하지 못한 일이
있자, 중종의 운명을 점치고 종실 인사들과 후계 문제를 논한 일
이 빌미가 되어 이루어진 것이다. 모두가 반정 직후의 불안정한 상
황에서 한편으로는 박원종 등의 미숙함에 대한 불만에서, 다른
한편으로는 어수선한 시기에 출세와 부귀를 거머쥐려는 욕심에서
일어난 다분히 설화舌禍에 가까운 일들이라고 할 수 있다. 하지만
중종의 입장에서 이 같은 사건은 커다란 근심거리가 아닐 수 없었
다. 발생한 옥사들이 별다른 위협이 될 만한 일이 아닌 줄은 알고
있었다. 하지만 고변과 옥사가 반복되자 또 다른 반정이 일어나 새
로운 임금이 들어설 수도 있다는 불안감에서 벗어나기 힘들었다.

　한편, 즉위 초반의 연이은 사건들을 경험하는 동안 중종은 통
치 역량을 조금씩 키워갔다. 이와 반대로 박원종·유순정·성희안
삼대장을 중심으로 하는 반정공신들의 영향력은 점차 약화되어
갔다. 급기야 정국공신들의 영향력은 삼대장이 연이어 사망함에
따라 조기에 해체되었다. 박원종은 영의정에 이르며 부귀영화를
누리다가 중종 5년에 사망했다. 좌의정 유순정 역시 중종 6년에
사망했다. 가장 젊었던 성희안 또한 중종 8년에 사망했다. 이들 삼

인방의 사망 이후에는 박영문과 신윤무처럼 반정 당시 무장 역할을 담당했던 인사들 역시 역모를 획책했다는 이유로 고발되어 처형되었다. 이로써 중종을 왕위에 올리며 권력의 중심축에서 활동하고 있었던 정국공신의 핵심 인사들이 퇴각하게 되었다.

삼공신의 사망은 중종에게는 군주로서의 권위를 확대시킬 좋은 기회가 되었다. 하루아침에 왕위에 올라 편치 않은 시간을 보냈던 중종은 초반의 불안정한 정국을 경유하면서 통치 경험을 축적해갔고, 삼공신의 사망과 새로운 인사들의 조정 진출이 이루어짐에 따라 새로운 전기를 맞게 되었다. 그럼에도 중종에게 최대의 관심사는 여전히 자신의 권좌를 어떻게 안전하게 지킬 것인가 하는 문제였다. 이제 국왕으로서의 권위도 확대되고 더 이상의 고변도 없었지만, 여전히 그의 인식 한편에는 반정 군주라는 미명하에 꼭두각시처럼 세워져 부인마저 내쫓아야 했던 지난날의 아픈 기억이 남아 있었다. 그리고 그것은 일종의 트라우마가 되어 자신의 권좌를 불안하게 만드는 요소에 매우 민감하게 반응하게 하는 결과를 낳았다.

언론의 최전방 공격수로 나서야 했던 조광조

조광조가 출사한 시점은 중종이 반정 군주로서의 위상을 새로이 정립해나갈 무렵이었다. 중종 10년 성균관 추천으로 송6품 조지서 사지造紙署 司紙에 오른 조광조는 같은 해에 과거시험을 치러 정식으로 출사했다. 조광조는 관직 진출 이전부터 조야에서 명망

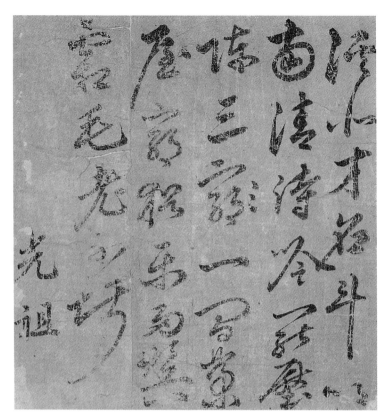

「시」, 조광조, 종이에 먹, 17.8×17.0cm, 서울대박물관.

이 있었다. 유배생활 중이던 김굉필을 찾아가 수업을 받음으로써 화태禍胎라 불리는가 하면, 삼년상을 정성껏 치르고 성균관 생활에서도 모범이 되는 행실로 천거되기에 이르렀다. 그리고 그런 명망은 조정에 진출한 이후에도 상성한 언론을 주도하면서 한층 올라갔다.

조정 진출 후 조광조가 명성을 크게 떨친 일은 신씨 복위 상소 사건이었다. 중종 10년 장경왕후가 사망해 새로운 왕비를 선발해야 하는 상황에서, 담양 부사 박상과 순천 군수 김정은 음지상소를 통해 신씨의 복위를 주장했다가 유배된 일이 있었다. 조광조는 사간원 정언에 오르자마자 이 사건을 재론하여 신씨의 복위를 요청한 박상과 김정의 방면放免을 이끌어내는 한편, 언로 확보의 중요성을 다시금 일깨우며 조정에서의 입지를 다졌다.

중종 역시 이 일을 계기로 언관들 사이의 복잡한 논쟁을 정리하며 새로운 결과를 도출해낸 조광조를 눈여겨보게 된다. 이후 조광조는 홍문관에 선발되어 경연을 통해 중종과 자주 접촉하며 두터운 신망을 얻었다. 중종은 조광조로부터 반정 군주로서 지향할 바가 무엇인지에 대해 조언을 들으며, '도학 군주' '도덕 정치'의 비전을 제시한 조광조를 매우 신임하게 되었다. 이러한 중종의 신임은 조광조와 뜻을 같이했던 청요직 인사들의 중용으로 이어지며, 다양한 개혁 정책이 수행되는 데 밑거름이 되었다.

중종으로부터 두터운 신임을 얻은 조광조는 청요직들 사이에서 중시되던 정책들을 하나씩 추진해나갔다. 먼저 조광조의 건의에 따라『근사록』이 경연 교재로 채택되고『소학』이 널리 보급되었다.『근사록』은 도학의 핵심 내용들을 정리한 서적으로 주희가 편집했다.『근사록』을 경연의 기본서로 채택했다는 것은 중종으로 하여금 도학에 대한 소양을 쌓게 하여 그의 통치가 도덕 정치를 추구하도록 한 것이었다.『소학』은 일상생활의 기초가 되는 예와 질서를 담고 있는 책으로, 조광조는『소학』의 보급을 통해 조선의 풍습이 이에 입각해 재편되기를 희망했다. 또한 조광조는『성리대전』의 진강을 위해 경학에 능한 신료들을 뽑아 강의가 원활하게 이뤄질 수 있도록 준비했다. 아울러 새로운 의례의 시행과 보강도 이루어져 일식 때 임시로 행해지던 친구親救 의식을 왕이 직접 치르는가 하면, 예에 맞는 혼례 풍속을 육성한다는 차원에서 일반

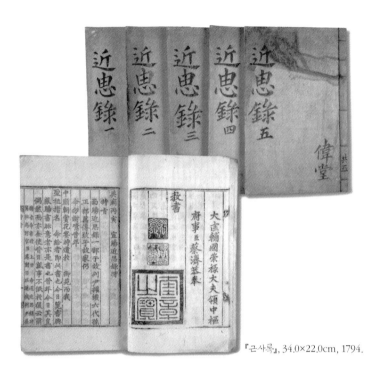

『근사록』, 34.0×22.0cm, 1794.

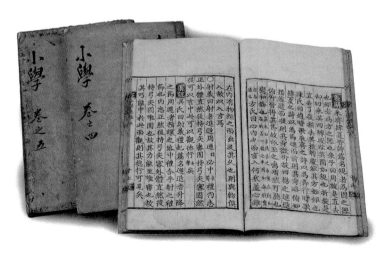

『소학』, 조선시대, 유교문화박물관. 조광조는 성리학적 사회질서를 수립하기 위한 방법으로 『소학』을 보급하고 이를 실천할 것을 강조했다.

백성에게까지 친영親迎의 시행을 독려했다. 그동안 번거로운 예식으로 인식되거나 조선의 풍속과는 맞지 않아 치러지지 않았던 의례들이, 이제 그 의미와 중요성이 강조되면서 시행되었던 것이다. 향약이 실시된 것도 같은 맥락에서 이뤄진 것이라고 할 수 있다.

정몽주와 김굉필의 문묘종사도 추진되었다. 문묘종사란 사문斯文의 표상이 될 만한 인사를 공자를 모신 사당, 즉 문묘에 배향해 자신들이 추구하는 유교 문명을 현양하는 일을 말한다. 조선 건국 이래 몇 차례에 걸쳐 이색, 정몽주, 권근 등의 문묘종사 논의가 제기되었으나 수용되지 못했다. 신료들 사이에서 배향 인물의 선정 기준에 대한 합의가 이루어지지 않기도 했지만, 군주 역시 이에 적극적이지 않았기 때문이다. 하지만 조광조의 중용 시기에 이르러 정몽주와 김굉필의 도학 및 의리를 기려야 한다는 주장이 제기되었고, 결국 정몽주가 문묘에 배향되었다. 비록 이때 김굉필은 종사되지 못했지만 추후 문묘종사 대상 인물 선정이 도학과 의리에 기초해야 한다는 기준을 마련했다는 점에서 의의가 있다. 이처럼 조광조 및 그와 뜻을 같이했던 인사들은 중종의 신임 아래 유교적 이상의 실현을 위한 정책 집행에 매진했고, 중종은 이를 통해 명실상부한 반정 군주로서의 면모를 갖춰갔다고 할 수 있다.

조광조에 대한 중종의 신임 속에서 도덕 정치의 구현을 위한 정책들이 추진되었지만, 개혁 정책들이 시행될수록 중종의 입장에서는 어딘지 모르게 불편함이 가중되었다. 무엇보다 언론활동이 활발해질수록 왕권이 제약받는 일이 대폭 늘었다. 뿐만 아니라 신진 청요직 인사들의 과격함은 조광조로서도 제어하기 힘든 측면이 있었다. 이런 상황에서 중종과 조광조는 소격서昭格署 혁파와

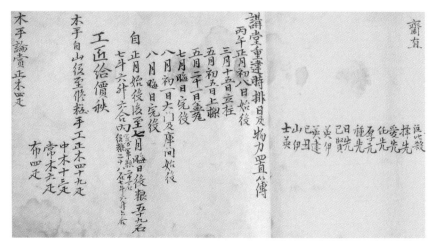

「충렬서원강당중수기」, 24.0×28.8cm, 조선 후기, 용인문화유적전시관. 충렬서원은 정몽주와 조광조의 학덕 및 충절을 기리기 위해 세워졌다.

위훈삭제僞勳削除 문제를 놓고 갈등의 골이 깊어지기에 이른다.

소격서는 도교의 초제를 주관하는 곳으로 국가적 재난에 대응하는 기도처로서 또는 왕실의 안녕을 비는 기도처로서의 역할을 담당했다. 그런데 조광조 입장에서 이는 이단을 신봉하는 것으로 마땅히 폐지되어야 할 대상이었다. 중종 역시 소격서 폐지의 당위성을 인정하고는 있었지만 소격서가 왕실 내명부와의 깊숙한 연관이 있어 조종조로부터 이어져왔다는 관행을 핑계 삼아 폐지를 불허했다. 하지만 홍문관 부제학으로 있던 조광조는 소격서 폐지에 전력을 기울였다. 소격서 폐지는 성종대에도 제기된 바가 있는 안건으로서, 이 무렵 대간에서는 수개월에 걸쳐 폐지 요구를 이어가고 있었는데, 부제학으로 있던 조광조가 여기에 적극 동참한 것이었다. 조광조는 대간을 적극 옹호하며 중종으로 하여금 소격서를

『정암선생문집』에 실린
소격서 폐지를 건의하는 글,
31.2×20.6cm, 조선 후기,
국립중앙박물관.

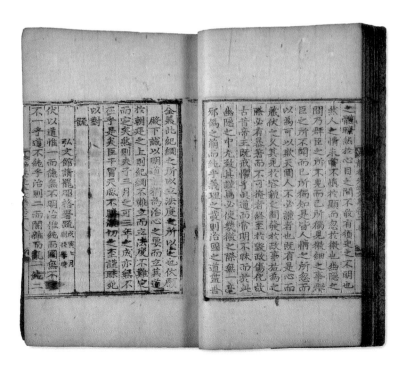

폐지하도록 압박했다. 김정국의 「사재척언思齋摭言」에 따르면 조광조는 홍문관에서 숙직하며 밤새 혁파를 요청하는 상소를 올려 중종을 몹시 난처하게 했고, 이에 중종은 마지못해 소격서의 폐지를 허락하고 말았다고 한다.

정국공신 개정 문제 역시 소격서 혁파와 비슷한 방식으로 전개되었다. 대사헌 조광조와 대사간 이성동 등이 함께 정국공신의 개정을 요청했다. 조광조 등은 연산군에게 총애를 받던 신하로서 공도 없이 공신에 참여하거나, 주요 공신의 인척들이 아무런 공도 없이 공신에 올랐다면서 개정의 필요성을 역설했다. 아울러 공도 없는 인사들이 공신에 책봉된 것은 이利를 추구하는 세태를 초래하는 것이라며 과도한 공신 책봉이 가져온 그릇된 사회 풍조를 비판했다. 하지만 중종은 공신으로 책봉하고 뒤에 와서 그것을 개정하는 것의 미편함과 이미 10여 년이 지난 상황에서 갑작스럽게 개정할 수 없음을 이유로 거부했다. 대간은 사직을 반복하며 위훈삭제를 요청했고, 대신들 또한 공신 개정의 필요성을 제기하는 한편, 대간의 사직으로 공무가 마비된 현실적인 사정을 아뢰었다. 며칠을 지루하게 대립하다가 중종은 마침내 정국공신의 개정을 허락하게 되었다.

결국 소격서 혁파와 위훈삭제 선을 경과하며 중종으로서는 조광조의 행보가 부담스럽게 여겨지기 시작했다. 언론의 최전방에서 공론을 내세우며 중종으로서는 수용하기 어려운 정책들을 밀어붙이는 조광조가 여간 부담스러운 게 아니었다. 표면적으로는 여전히 그를 중용하고 있었지만, 자신의 통제 범위를 넘어서고 있는 조광조에 대한 중종의 입장이 이전과는 달라질 수밖에 없었다.

『중종실록』 34권, 중종 13년 8월 17일 갑신, 규장각한국학연구원. 조광조와 유담년 등이 사정전에 나아가 쟁론한 일이 기록되어 있다.

그리고 그것은 마침내 파국으로 치달았다.

조광조에 대한 중종의 자각:
동반자 아닌 통제 불능의 권력

반정 군주로서 중종의 즉위는 연산군의 폭정을 종식시킨 의미

있는 일로 기려지고 있었다. 하지만 중종이 아무런 참여 없이 신료들에 의해 추대되었다는 사실은 중종 개인으로서는 적잖이 부담되는 일이었다. 자신도 모르게 신료들에게 선택되었다는 점에서만 보면, 중종은 자신이 여러 왕자 가운데 한 사람에 불과하다는 생각을 떨쳐버리기가 쉽지 않았을 것이다. 따라서 중종은 늘 자신의 권좌에 대한 불안감을 지녔을 것으로 보인다. 그런 상황이었기에 조금이라도 자신의 권좌에 위협이 될 수 있다는 판단이 설 경우 평소와는 전혀 다르게 돌변할 가능성이 있었다. 소격서 혁파와 위훈삭제를 경과하면서 조광조에 대한 신뢰를 거둔 것도, 또 기묘사화 과정에서 집요하게 조광조를 제거할 것을 고집했던 것도, 바로 조광조 일파가 자신의 권좌를 안정시키는 데 걸림돌이 될 수 있다는 판단에서였다.

반면 조정 내에서 조광조의 역할은 얄궂게도 중종을 압박하는 위치였다. 출사 후 기묘사화에 이르기까지 조광조가 역임했던 관직들은 홍문관과 대간 등 주로 언론을 담당하는 청요직 핵심 부서로, 그의 활발한 언론활동은 청요직들의 지지 속에서 가능한 것이었다. 다시 말해 조광조는 권력 구조상 언론의 최전방에서 불가피하게 강개한 언론을 펴야 하는 위치에 있었던 것이다. 만약 조광조가 그런 역할을 제대로 감당 못 하면 후배 청요직 인사들로부터 탄핵을 받을 수밖에 없었다. 조광조는 분명 중종의 과도한 사랑에 부응하기 위해 중종의 치세가 성군의 시대가 될 수 있도록 최선을 다했다. 하지만 그가 최선을 기울였던 방식은 언론을 통해 조정 내의 부조리를 해소하거나, 무리를 해서라도 지치주의의 실현에 부합하는 정책들을 집행하는 것이었다. 자연히 중종과는 갈등이 생

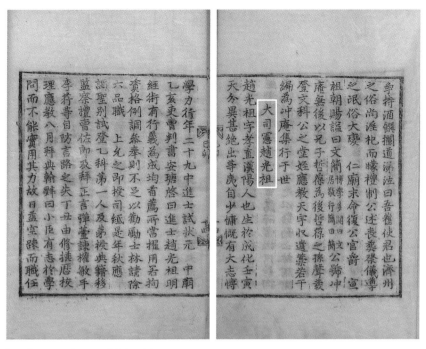

『기묘팔현전』, 조선시대, 규장각한국학연구원.

길 수밖에 없었다.

　이것이 바로 중종과 조광조 두 사람 사이에 근본적인 입장 차가 발생하는 지점이었다. 중종은 분명 조광조가 제시하는 비전에 동의하고 그것을 실현시키기 위해 힘을 실어주었다. 하지만 중종의 입장에서 되돌아오는 것은 군주의 권위보다 한 차원 더 높은 곳에 있는 '도덕적 권위'에 대한 과중한 부담과 왕권에 대한 더 많은 제약이었다. 그도 그럴 것이 성종대 이래 청요직들은 『홍문록弘文錄』, '피혐避嫌' '서경署經' 등을 바탕으로 국왕과 대신에게 맞서 항시적인 언론의 활성화와 자율적인 인사권을 행사하고 있었다. 청요직이라 불리는 직군들을 중심으로 일종의 연대 체제를 형성하여 군주와 대신들이 함부로 침해할 수 없는 고유 영역을 구축했던 것이다. 따라서 특정 안건에 있어서 청요직들은 서로 연대하는 가운데 언론 기관을 통해 해당 안건이 처리될 때까지 국왕과 대신들을 압박할 수 있었다. 조광조가 득세한 이후로 청요직들의 압박은 한층 더 가중되었다. 소격서 혁파와 위훈삭제 같은 민감한 사안이 중종의 거부에도 불구하고 끝내 통과될 수 있었던 것은 청요직들의 구조적인 압박에 중종이 대응할 별다른 방법이 없었기 때문이다.

시간이 흐를수록 중종은 조광조에 대한 신뢰가 자신의 권좌를 안정시키는 데 도움이 되는가 하는 반문을 했던 것으로 보인다. 어느 순간 정신을 차려보니 조광조에 대한 지나친 신임으로 그를 중심으로 하는 일군의 세력이 조정을 장악한 상황이었다. 일단 청요직 전반이 조광조의 노선을 지지하는 인사들로 채워져 있었다. 현량과賢良科라는 전에 없던 과거 방식으로 28인이 새로 선발되기도 했다. 심지어 조정 대신들까지 조광조와 가까운 인사가 많았다. 안당, 이자, 신상, 김세필 등 이미 재상의 반열에 오른 인사 상당수가 조광조에게 우호적인 입장을 지니고 있었다. 조광조를 의심의 눈초리로 보기 시작한 중종에게는 이들 모두가 조광조의 당여黨與로 보였다.

중종은 점점 조광조를 동반자가 아닌 통제 불능의 권력으로 인식하기 시작해 급기야 조광조를 제거해야 한다는 판단을 내리기에 이른다. 기묘사화가 시작되는 지점이었다.

희빈의 부친 홍경주와 조광조에게 배척당하고 있던 남곤·심정,

「홍경주 정국공신화상」, 비단에 채색, 166.5×94.3cm, 18세기, 남양 홍씨 도열공 종택. 중종반정에 참여해 군대 동원을 성사시킨 공로로 정국공신 2등에 녹훈되고 중종 초기 정국을 이끌었다.

『중종실록』 37권, 중종 14년 12월 16일 병자, 규장각한국학연구원. 현량과 혁파와 조광조에 관한 일을 아뢰는 내용이다.

그리고 이들에 의해 규합된 일부 인사가 조광조 일파를 몰아낼 동역자로 선택되었다. 이 과정에서 중종이 내린 밀지密旨는 사람들을 모으는 데 유용하게 활용되었다. 그리고 그 결과 우리가 익히 알고 있는 기묘사화의 비극으로 나타났다. 한밤중에 신무문이 열리고 조광조 등이 옥에 갇히는 것으로 시작된 기묘사화는 결국 조광조의 죽음과 기묘사림의 실각으로 종결되었다.

중종은 조광조가 자신의 권좌를 보호할 울타리가 되어주리라 기대했다. 반정 군주인 자신이 그가 제시하는 도덕 정치를 추구할 때 누구도 자신의 권좌를 넘볼 수 없을 것이라 생각했다. 반면 조광조는 자신이 꿈꾸는 지치를 실현하기 위해 중종의 신임을 굳게 믿고 정책들을 과감하게 밀어붙였다. 하지만 지치보다 왕위의 안전을 바랐던 중종은 조광조의 이런 과격함을 우려하기 시작했다. 뿐만 아니라 조광조 너머에 있는 청요직들의 구조적인 파워에 위협을 느끼며 이들의 제거를 기획하게 되었다. 그런 의미에서 중종과 조광조의 비극적 결말은 어느 정도 예정되어 있던 일이라고도 할 수 있다. 두 사람은 한때 도학 정치의 실현이라는 뜻을 갖고 동반자적 입장에서 신뢰관계를 형성했지만, 각자가 처해 있는 위치상 갈등을 노정할 수밖에 없었고, 그러한 갈등이 격화되는 종점에서 기묘사화라는 파국으로 둘의 관계는 종결되었던 것이다.

4장

시와 학문을 함께 나눈 부부

○

유희춘과 송덕봉

이성임

시를 주고받던 부부

우리는 조선시대의 남녀 관계가 엄격한 상하관계이며, 여성은 남성에 대하여 상당히 순종적이었을 것으로 생각한다. 그러나 이는 조선의 남성들이 지향했던 것으로, 모든 부부가 그렇게 살았던 것은 아니다. 유희춘柳希春(1513~1577) 부부는 평생의 시우詩友이자 지기知己로, 이들의 관계를 하늘과 땅으로 구분할 순 없다. 관직생활이 남편의 고유 권한이라면 가정에서의 결정권이나 경제 운영권은 부인이 가지고 있었다. 유희춘과 송덕봉宋德峰(1521~1578)은 서로를 존중하고 신뢰하며 살아갔다. 이러한 이유에서 7차 교육과정의 고등학교 국사 교과서에는 이들 부부가 주고받은 시 한편이 실려 있다.

1571년(선조 4) 겨울 서울에서 관직생활을 하던 유희춘은 며칠 동안 승정원에서 숙직을 하게 되자 추운 방에서 혼자 지낼 부인을 생각하여 술 한 병을 구해 보냈다.

눈 내리고 바람 더 차니,　　　　　雪下風增冷

찬 방에 앉아 있을 당신이 생각나오.　思君坐冷房

이 술이 비록 좋은 술은 아니지만,　此醪唯品下

차가운 속을 녹이기에는 충분할 것이오.亦足煖寒腸

『미암일기』, 유희춘, 보물 제260호, 개인.

　　부인을 생각해서 술 한 병과 시 한 수를 보
낸 남편, 궁궐에서 임금을 모시고 있다가 술
을 얻어 부인에게 보낸다는 설정이 참으로 흥
미롭다. 거기에 부인이 찬 방에 홀로 앉아 있
는 것이 안타깝다 해도 술을 구해 보낸다는
발상 자체가 쉽지는 않았을 것이다. 술을 받
아든 부인은 마음을 다하여 화답하는 시를 보
냈는데, 아래와 같다.

국화잎에[임금 옆] 비록 눈발이 날리지만　　菊葉雖飛雪

은대[승정원]에는 따뜻한 방이 있겠지요.　　銀臺有煖房

비록 찬 방에 있지만 따뜻한 술을 받아　　　寒堂溫酒受

빈속을 채우고 나니 정말 고맙군요.　　　　　多謝感充腸

　　당신이 추운 날씨에 고생하겠지만, 따뜻한 방이 있을 테니 걱정
은 하지 않겠다. 그리고 내가 찬 방에 앉아 있기는 하지만 당신이
보내준 따뜻한 술을 받아 빈창자를 채우고 나니 몸이 녹아 몹시
고맙다는 뜻을 전하고 있다. 조선시대 여성이 술을 마신다는 점이
다소 의아하게 여겨질 수도 있지만 당대에는 이것이 그다지 문제

되지 않았다. 유희춘의『미암일기眉巖日記』(1567~1577)에는 부부가
술을 주고받는 모습이 적지 않게 보이며, 실제 송덕봉이 술에 거
나하게 취해 쓴 시도 여러 편 확인된다. 유희춘과 송덕봉은 시작詩
作을 통해 부부의 정을 돈독히 했으며, 일상생활을 시로써 수창하
며 교감하는 사이였다.

유희춘과 송덕봉은 누구인가

유희춘은 호남에 근거를 둔 학자형 관료로 고위의 청요직을 역
임한 양반 관료다. 그는『표해록漂海錄』을 작성한 최보崔溥(가문에
서는 최부가 아닌 최보라 부른다)의 외손이며, 조선 중기의 대학자
김안국金安國의 제자다. 유희춘은 1539년(중종 33) 문과에 급제해
성균관 학유로서 관직생활을 시작한 전도유망한 관료였다. 그러
나 유희춘은 외조 최보, 형 성춘成春과 마찬가지로 사화士禍에 연
루되어 오랫동안 유배생활을 하게 된다. 을사사화는 명종 즉위와
관련된 사건으로, 여기에 얽혀 함경도 종성으로 유배된 것이다.
이로 인해 종성에서 18년을, 그리고 충청도 은진(논산)에서 2년을
지내게 된다. 유희춘은 1567년 선소가 즉위하면서 유배에서 풀려
나 성균관 직강으로 다시 관직에 나아가고, 이후 순차를 뛰어넘는
방식으로 승진해 정4품인 홍문관 응교에 오른다. 이후 10여 년 동
안 내직으로 사헌부 장령, 사간원 사간, 성균관 대사성을 비롯해
홍문관 부제학, 예조참판, 사헌부 대사헌을 역임했으며, 외직으
로는 전라도 관찰사를 지냈다. 이 중에서 홍문관 부제학에 오랫동

안 재임했다. 유희춘에 대한 선조의 신임은 절대적이어서 1571년(선조 4) 10월에는 유희춘이 대사헌에 의망되지 않았는데도 특채했으며, 1577년(선조 10) 3월에는 부제학이던 유희춘에게 이례적으로 자헌대부를 제수하기도 했다.

유희춘은 학문적인 업적도 뛰어나서 먼저『주자대전朱子大全』과『주자어류朱子語類』를 교정했다. 이는 이황의 교정본을 참고하고 조헌趙憲의 도움을 받아 이루어낸 성과였다. 1574년(선조 7)부터는 선조의 명으로 사서오경의 구결과 언해를 맡아서 1576년(선조 9)에 먼저『대학석소大學釋疏』를 진상했으며,『논어』『중용』『맹자』에 대한 작업도 진행했다. 또한 1570년(선조 3)에는『국조유선록國朝儒仙錄』이라는 자료를 편찬했다. 이는 기묘사화에 화를 입은 인물들의 학덕을 기리기 위한 것이다. 유희춘은 조광조·김굉필·정여창·이언적의 저작을 모으고, 여기에 이들의 활동상과 행장을 첨부했다. 또한 유희춘은 아동 교육서도 작성했다.『속몽구분주續蒙求分註』는 이체李體의『속몽구』에 주석을 달고 고려 명현名賢 몇 사람을 추가한 것이다. 그리고『신증류합新增類合』은 한문 입문서의 하나로 한자를 한글로 쉽게 풀이한 것이다. 이 밖에『역대요록歷代要錄』『헌근록獻芹錄』『천해록天解錄』『속휘변續諱辨』등의 저술이 알려져 있다. 그는 '동방東方의 주자朱子'요 '서중書中의 신명神明'이라 불릴 정도로 뛰어난 주자 성리학자였다. 유희춘은 경학을 중시하는 학풍에 따라 시문을 경시하는 풍조 속에서도 300여 편에 이르는 시문을 남겼다.

그러면 송덕봉은 누구인가? 그녀는 경사經史에 두루 통하고 시문에 능통한 명실상부한 여사女士였다. 그녀의 공부는 관직 진출

「융봉취하融峯醉下」, 김홍도, 종이에 엷은색,
119.0×52.6cm, 18세기 말~19세기 초, 간송
미술관. 성리학자 주희가 호남성 형산 축융
봉에 올라 지은 시를 화제로 삼은 그림이다.
유희춘은 주자 성리학자로서 여러 작업들을
남겼다.

과 관련이 없었지만 남편과 함께 정사를 의논하고 시문을 견줄 정도였다. 그녀가 남긴 『덕봉집德峰集』에는 사대부가의 바람직한 여성상, 부부간의 애틋한 정, 가족애, 여성의 잠재적 욕망 등이 표현되어 있다. 그녀는 신사임당·허난설헌과 같은 시대를 살다 간 여류 문인으로 허난설헌과는 생전에 개인적인 교분이 있었다고 한다.

송덕봉은 송준宋駿(1477~1549)과 함안 이씨의 3남2녀 중 막내로 태어났다. 그녀의 이름은 종개鍾介이고 자는 성중成仲이며 호는 덕봉德峰이다. 홍주 송씨는 여성으로서는 흔치 않게 이름과 자와 호를 모두 가진 인물이다. 흔히 양반가 여성은 이름이 없다고 하지만 실제로는 그렇지 않았다. 미암의 손녀와 외손녀가 봉례奉禮와 은우恩遇로 알려져 있으며, 이문건의 손녀도 이숙희李淑禧와 이숙녀李淑女로 불렸다. 덕봉은 그녀가 태어난 담양군 대곡면의 집 뒤에 위치한 산으로 이곳에 부부의 업적을 기리는 미암박물관이 위치해 있다.

송덕봉은 유희춘의 부인으로 잘 알려져 있다. 그녀는 일찍이 성리학을 주도적으로 수용했으며, 자신이 배운 유교적 덕목을 일상생활에서 실천하고자 했다. 이러한 모습은 남편의 일기에 소상히 기록되어 있다.

홍주 송씨는 담양에 근거를 두던 성씨로 함안 이씨, 선산 유씨, 삭녕 최씨 등 인근 지역의 유력 가문과 혼인관계를 맺은 호남의 주요 사족이었다. 아버지 송준은 음서로 관직에 진출해 사헌부 감찰과 단성 현감을 지냈다. 그는 진주에 근거지를 둔 이인형李仁亨(1436~1497)의 딸과 혼인하여 3남2녀를 두었다. 3명의 아들은 송정로宋廷老·송정언宋廷彦·송정수宋廷秀이며, 두 명의 딸은 변수정邊守禎과 유희춘에게 출가했다. 송정언의 아들 송진宋震이 송덕봉의 시 38수를 모아 첩으로 간행한 인물이다.

송덕봉의 외가는 함안 이씨인데, 이 가문은 경상도 진주에 근거한 명문 거족이다. 외조 이인형은 김종직金宗直(1431~1492)의 문인으로 학행이 뛰어났다. 그는 문과를 통해 관직에 나아가 대사헌과 예조참판, 전라도 관찰사 등을 지냈으며 무오사화 당시 김종직의 문인이라는 이유로 부관참시剖棺斬屍(죽은 사람의 관을 열고 다시 한번 목을 베는 형벌)되었다. 송준은 이인형의 둘째 사위다. 송준이 어떠한 과정을 거쳐 이인형의 사위가 되었는지는 알 수 없지만 아마도 최보가 이인형과 함께 김종직에게 동문수학했다는 점이 작용했을 가능성이 있다. 어쨌든 유희춘은 자신의 외조인 최보와 처외조인 이인형에 대한 존경을 아끼지 않았다. 송준은 진주에서 처가살이를 했을 가능성이 있으며, 그러한 까닭에 자녀들도 담양보다는 진주에서 성장했을 가능성이 높다. 그러므로 송덕봉의 교육과 학문 형성에는 외조와 외삼촌의 영향도 적지 않았을 것이다.

유희춘 부부의 결혼생활

부부는 혼례를 통해 평생 함께할 것을 약속한다. 조선시대에는 의례를 중시하여 혼례를 치른 부인이 살아생전에 대접받을 뿐만 아니라 죽은 뒤에도 조상으로서 기억된다. 또한 당시에는 이혼이 쉽지 않아 한번 혼인하면 평생을 살아야 했다. 그야말로 검은 머

「혼인식」, 『평생도』, 전 김홍도, 비단에 색, 53.9×35.2cm, 조선 후기, 국립중앙박물관.

리가 파뿌리가 될 때까지 함께 살았던 것이다. 유희춘은 1536년 (중종 3) 10월 6일 스물네 살의 나이로 열여섯 살인 송덕봉과 혼인하여 유희춘이 사망할 때(선조 10)까지 40년 5개월을 함께 살았다. 당시 유희춘의 어머니는 안극상安克詳의 처를 매파로 삼아 혼인을 성사시켰다. 대개 열다섯 살이 되면 관례를 하고 열일곱 살 전후가 평균 혼인 연령이라 하니, 유희춘의 혼인은 상당히 늦은 편이다. 일설에는 유희춘이 첫 번째 부인과 사별한 후 재혼한 것이라 하는데, 현재로서는 사실을 확인하기 어렵다. 아마 이들 부부의 나이 차가 커서 이러한 추측을 한 것이 아닌가 생각된다.

이들 사이에는 1남1녀가 있었는데, 아들 경렴景濂은 김인후金麟厚(1510~1560)의 딸과 혼인하고, 딸은 해남의 벌족 해남 윤씨 윤관중尹貫中에게 출가한다. 특히 유희춘이 김인후와 사돈이 된 과정은 흥미롭게 전해진다. 두 사람은 김안국金安國(1478~1543)의 제자로 일찍부터 친분이 있었다. 그러나 이들이 사돈이 된 데에는 특별한 계기가 있었다. 성균관 유생 시절 김인후가 열병을 앓자 유희춘이 자기 처소로 데려와 극진히 보살폈던 것이다. 이에 고마움을 느낀 김인후는 을사사화로 유희춘이 유배를 가게 되자 그의 아들을 사위로 맞이했다. 유희춘 내외에게는 친손으로 광선光先·광연光延·봉례奉禮가 있었고, 총명한 외손녀 은우恩遇가 있었다.

유희춘 내외는 겉으로 보기에는 남부러울 것이 없지만, 이들에게도 말 못 할 고민이 있었다. 우선 가문을 빛내야 할 아들과 사위가 학문에 뜻이 없어 과거급제를 못했다는 점이다. 결국 유경렴은 과거에 합격하지 못하고 주변의 도움으로 능참봉을 지냈으며 사위도 국왕의 호위를 담당하는 선전관을 역임했다. 또한 딸이 아들

「동산휴기東山携妓」, 김홍도, 종이에 엷은색, 119.0×52.0cm, 간송미술관. 도인의 사안이 거문고와 술병을 든 기녀들을 이끌고 동산에 오르는 고사를 그린 그림이다. 유희춘 역시 순행할 때 여러 기녀를 제공받았다.

을 낳지 못해 대를 잇기 어렵게 되었다는 점이다. 물론 입양을 하면 되지 않느냐고 생각할 수 있지만 당시만 해도 아들이 없다고 해서 곧바로 양자를 들이지는 않았다. 송덕봉은 외손자에 대한 기대를 끝까지 저버리지 못해 꿈속에서도 딸이 득남하기를 간절히 희망했다.

일반적으로 조선시대 부부는 바늘과 실처럼 오랫동안 함께했을 것으로 생각한다. 그러나 실제로는 그렇지 않았다. 유희춘과 송덕봉은 40년 5개월을 해로했지만 이 중 절반 이상을 떨어져 지낼 수밖에 없었다. 가장 큰 이유는 유희춘이 오랜 기간 유배생활을 한데서 찾을 수 있다. 그러나 유배란 양반 관료의 정치적 부침 속에서 누구에게나 발생할 수 있는 일상화된 형벌이기에 특수한 사례로 치부하기는 어렵다. 서울의 집값이 비싸서 지방의 양반들이 가족과 함께 생활하기 어려운 측면도 적지 않았다. 유희춘도 관직생활을 하는 동안 노비 7~8명을 데리고 남의 집을 얻어 생활하고 있었다. 가령 조선 후기의 노상추盧尙樞도 관직생활을 하는 동안 부인보다는 첩과 함께 단출하게 생활했다. 재지 관료의 경우 토지와 노비가 주로 지역에 분포해 서울로의 이주가 쉽지 않았다. 따라서 남편이 상경하여 관직생활을 하는 동안 부인은 향리鄕里에서 가사 전반을 관리 감독하며 지내는 것이 일반적이었다.

그러면 유희춘은 이러한 때에 누구와 생활했을까? 우선 절반이상을 첩과 함께한 것으로 나타난다. 유희춘은 종성에서 유배생활을 하는 동안 무자戊子 또는 굿덕俗德으로 불린 첩과 지냈다. 그녀는 종성에서 유희춘을 시중들도록 보낸 여종인데, 종성에 올라가 4명의 딸을 낳아 키웠다. 그녀는 송덕봉이 시어머니 상을 치른 뒤 남편을 찾아오자 딸들과 함께 해남으로 쫓겨 내려갔다. 유희춘이 외직인 전라도 관찰사로 부임할 때는 혼자였으나 머무는 관아에서는 관기官妓가 시중을 들었다. 기녀는 여악女樂을 담당하던 예능인으로 지방 관아에 속해 있었는데, 유희춘은 각 군현을 순행巡行할 때마다 기녀의 시중을 받았다. 그중에서 전주의 옥경아玉瓊兒와 광주의 연燕을 가까이했으며 특히 옥경아는 마음이 설레던 정인情人이었다.

유희춘은 매사 부인의 뜻을 존신尊信하고 따랐을 뿐 아니라 그녀에 대한 배려도 잊지 않았다. 『미암일기』에서는 남편이 부인을 상당히 어려워하며, 잡혀 사는 느낌이 든다. 그러나 첩도 얻고 기녀를 사랑한 것을 보면 일편단심의 소유자라고 하기는 어렵다.

유희춘은 아주 자상하고 친절한 남편이었다. 송덕봉이 47세에 월경이 끊기자 내심 걱정되어 대궐의 의녀 선복善福을 불러 그 까닭을 알아보았다. 그러자 선복은 그 연세이면 당연한 일이니 걱정하지 않으셔도 된다고 했다. 또한 첩이 직접 물을 길고 불을 때자 이를 안타깝게 여겨 일하는 비를 지급했다. 또 겨울이 다가오자 모공毛工을 시켜 부인의 이엄耳掩(귀마개)을 만들게 했으며, 자신이 첩과 함께 거주하던 해남으로 담양에 있던 부인이 내려오자 첩에게 부인을 위해 밥그릇과 수저 한 벌을 봉해놓도록 했다.

성리학적 삶의 지향

유희춘과 송덕봉은 딸 내외와 함께 살았다. 16세기는 혼례를 처가에서 치르고 그곳에서 머물러 사는 것이 일반적이었기 때문이다. 유희춘의 선대는 물론이고, 아들, 딸, 손자 대까지 이러한 삶의 모습이 이어졌다. 그러한 까닭에 아들 유경렴은 처가인 장성으로 옮겨가 생활했다. 아들은 혼인과 함께 김인후의 집으로 바로 들어갔으며, 이들 사이의 2남1녀도 처가인 장성에서 출생하여 성장했다. 며느리 울산 김씨는 시가의 대소사에 왕래할 뿐 장성을 거의 벗어나지 않았다. 송덕봉 내외는 며느리가 자신들과 함께 생활하지 않는다고 해서 섭섭해하지 않았다. 1570년(선조 3) 4월 며느리 울산 김씨는 시댁에 잠시 머물다가 다시 장성으로 돌아갔는데, 그 이유는 친정어머니가 외로워서 불렀다는 것이었다. 이 사실에 대하여 송덕봉은 "이번 달에 며느리가 장성으로 돌아갔는데 친정어머니가 외롭게 살면서 불렀기 때문이지요"라면서 담담하게 이야기했다.

당시에는 딸이 혼인 후 친정에 거주하게 되니 친정어머니와 딸이 서로 화목하지 못한 경우가 많았는데, 이는 송덕봉의 집안에서도 마찬가지였다. 이에 대하여 일기에는 다음과 같이 기록하고 있다.

부모는 딸자식에게 총애를 다 쏟으며 대우했는데 딸은 성품과 행실이 어그러져 어제 계집종에게 성을 버리니 어머니에게까지 욕을 해댔다. 내 꾸지람을 듣고도 또 스스로 지나친 말을 쏟아버리자, 부인이 "이처럼 사납고 어그러진 딸년과는 함께 살 수 없다" 했는데 내가 크게 꾸짖어서 꺾어버렸다.

하루는 딸이 계집종에 이어 어머니(송덕봉)에게 욕을 하는 일이

원나라 조상의 소촌
아오문슉의 첫 눈하
호문빙의 일홈
은비라 문슉의 일
죽으니 병셰 하여 일
고조식이 엽소지라
어버이 엇쳐 방맛
고려 흥니 빙셰두고
귀룰 버히고 조상의
의집비 사룸으로
제의 멸흥겨 머여 버
이히샤든 탁
호니빙비 흣더러로
호고자 눈방바리
녀가 호롤묹쓰고고
복블룰가 볼이누고
불거어믜이 하비
의시니어보를
거게바의 그나비블을
어들보니 따흘니 듯
ᄃ 득 ᄒ 눈 눈 자라

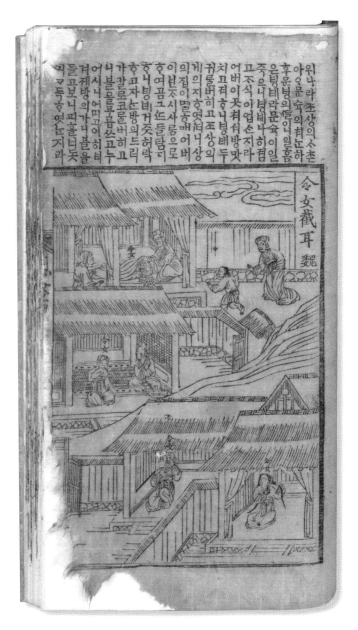

『삼강행실도』에 실린 열녀 '영녀'의 이야기, 18세기 초반 언해본 중간본, 규장각한국
학연구원.

발생했다. 이에 송덕봉이 사납고 어그러진 딸년과 함께 살 수 없다며 한탄했다. 여기서 딸이 친정엄마를 허물없이 대하는 광경이 연상된다. 어쨌든 유희춘은 버릇없는 딸을 꺾기 위해 엄하게 꾸짖었다고 했다.

송덕봉과 유희춘은 외손녀를 매우 사랑했다. 이들은 은우의 영리한 모습과 성리학적 사고를 매우 기특히 여겼다. 송덕봉은 외손녀 교육에 상당한 노력을 기울인 것으로 보인다. 그러나 안타깝게도『미암일기』에서 구체적인 내용은 확인되지 않는다. 그렇더라도 같은 시기를 살았던 이숙희李淑嬉를 통해 교육 과정은 짐작해볼 수 있다. 이숙희는 이문건李文楗(1494~1567)의 친손녀로 성리학적 교육을 실천한 여성으로 평가된다. 이문건은 자신의 일기에 '숙희가 배우고 싶어했다' '가르쳐달라고 청했다'는 기록을 남기고 있다. 이숙희는 할아버지를 통해 숫자·육갑六甲·27숙宿을 익혔고,『천자문』『열녀행실도』『소학』 등을 배웠다. 즉, 성리학적 교육이 여성 교육의 중심이었다. 이숙희는 이러한 교육을 바탕으로 효성스런 여성으로 거듭났다. 즉, 그녀는 할머니가 편찮으시자 자신의 넓적다리 살을 베어 적을 만든 다음 이를 갈아 죽엽수에 타서 마시게 함으로써 효를 실천했다. 숙희는 결국 나중에 상처로 많은 고생을 하지만, 이문건은 손녀의 행동을 주변에 널리 자랑했다.

그러면 다시 은우 이야기로 돌아가보자. 송덕봉은 인근의 대소사에 은우를 데리고 다녔으며, 주위에서는 은우가 할머니를 꼭 빼닮았다고 칭찬했다. 결국 은우의 성리학적인 교육은 외할머니 송덕봉이 담당했던 것이다. 이러한 모습을 은우의 언행을 통해 확인해보자.

미암 부부의 묘소(문희순 선생 제공).

한번은 외손녀 은우의 영특함이 남달라 함께 놀던 어린 비小婢 말덕末
德이 손가락을 다쳐 울자 옆에 있던 어린 계집종 죽매竹梅가 말하길
"아기씨는 어찌 같이 울지 않습니까?" 하자 은우가 말하길 "만일 어머
니가 우신다면 내가 당연히 울어야겠으나 여종婢子이 우는데 어찌 같
이 울겠느냐?" 했다 한다. 친소존비親疎尊卑를 분별할 줄 알아 식견이
높은 것이 보통이 아니니 어찌 기특하지 않겠는가?(『미암일기』 1573년
2월 19일)

그러면 이모 해성海成의 재혼에 대한 은우의 생각을 엿보기로 하
자. 여기서 이모는 유희춘의 첩이 낳은 딸로 은우에게는 이모가
된다. 유희춘의 네 명의 얼녀 중 첫째 딸이 해성이다. 해성이는 처
음에 어란포 만호 정홍鄭鴻의 첩으로 출가해 한동안 행복하게 살

앗다. 그러나 그녀는 남편과 일찍 사별하게 된다. 본처가 아니라 첩으로 갔기 때문에 이들의 나이 차는 클 수밖에 없어 남편의 사별은 정해진 수순이었다. 유희춘의 셋째 딸 해명海明이는 병이 있다는 이유로 남편에게 버림을 당했다. 이에 유희춘은 하는 수 없이 얼녀들의 재혼을 추진한다. 해성의 재혼 상대는 보성 군수 오운吳沄으로 결정돼 해성은 그의 첩으로 가게 되었다. 해성의 재혼은 16세기와 첩의 딸이라는 상황에서 이루어진 것이다. 그러나 성리학으로 무장된 은우의 입장에서는 이러한 일을 받아들이기가 어려웠다. 이에 은우는 해성의 재혼에 대하여 "사람의 남편은 하나뿐이다. 이미 혼인했으니 어찌 두 남편의 이치가 있겠는가?" 하면서 얼이모를 질책했다. 그러자 유희춘과 송덕봉은 참으로 기특하여 가문을 빛낼 아이라고 칭찬했다. 송덕봉의 교육 내용이 은우의 행동으로 그대로 드러났던 것이다.

5장

별빛 호수에서의 만남

이익과 안정복

원재린

서로 도우며 함께 공부하기

　괴나리봇짐 차림의 선비 한 명이 타박타박 나지막한 산을 넘어 가고 있다. 병인년(1746, 영조 22) 10월 17일, 전날 광주 경안면慶安 面 덕곡리德谷里 집에서 출발해 발걸음을 재촉했는데도 이튿날 오 후에야 겨우 이곳 안산安山 점섬占剡에 이를 수 있었다. 쉬엄쉬엄 산 을 넘자 그 기슭이 끝나는 곳에 있는 초가집 한 채가 눈에 들어왔 다. 언뜻 보기에도 규모가 작고 초라했다. 마침 마당에 하인 한 명 이 나와 있었는데, 성큼 다가와 절을 하며 맞아주었다.

　봇짐을 벗고 가쁜 숨을 몰아쉬는 선비의 이름은 안정복安鼎福이 었고, 그 집은 바로 이익李瀷 선생의 댁이었다. 학문한 지 벌써 20 년이 넘었고, 그간 연찬研鑽의 결과 내놓은 저술이 적지 않았지만 여전히 그의 머릿속을 떠나지 않는 의문이 있었다. 과연 내가 선택 한 이 공부법이 올바른 것인가? 방향이 잘못되면 속도는 무의미했 다. 이러한 불안감이 그로 하여금 발길을 성호星湖 선생 댁으로 옮 기게 만들었다. 좀더 일찍이 선생을 찾아가 뵙고 싶었지만 그때마

「성호 이익 영정」, 성호기념관. 안정복이 찾아뵈었을 당시 성호 이익은 근기 지역 일대에서 이미 명성이
자자했다.

다 질병이 발목을 잡았고 결국 미혹됨이 없어야 할 나이가 다 되어서야 비로소 만나뵐 수 있었다.

당시 근기近畿 지역 일대에서 공부 좀 한다는 사람들에게 성호 선생의 명성은 이미 자자했다. 병술년(1706, 숙종 32) 둘째 형 이잠李潛이 장살杖殺당한 뒤 선생은 출사를 포기하고 은거하며 학문활동에 전념했다. 그 소문이 인근에 퍼지면서 격식에 얽매이지 않고 자유로운 학문을 추구했던 사람들이 한두 명씩 그의 문하에 모여들었고, 그렇게 학파를 이룬 지 어느덧 한 세대가 다 되었다.

툇마루에 걸터앉아 한숨을 돌린 순암順菴은 의관을 가지런히 하고 방 안으로 들어가 선생께 큰절을 올렸다. 선생 역시 일어나 공손히 답례했다. 첫 대면부터 즐겁고 편안하게 말씀하시고 웃으시며 전혀 단속함이 없었다. 듣던 바 풍모 그대로였다. 몇 마디 인사말이 오가고 본격적으로 학담學談을 나누었다. 문득 선생이 자신을 찾아온 이유를 물었다. 순암이 곧바로 대답하기를, "나이 사십이 다 되었지만 아직도 학문의 방법을 모르겠습니다. 선생께서 도를 강론하시는 곳이 멀지 않다는 것을 들었으면서도 선을 지향하는 정성이 부족하여 10년 동안 우러러 사모하다가 이제야 찾아뵙습니다"라고 했다. 학자로서 학문하는 방법을 모르겠다니, 초학자도 아닌 이제 중견 학자의 반열에 들어선 순암에게는 어울리지 않는 답변이었다. 어렵사리 말문이 트이자 허심탄회한 대화가 뒤를 이었다.

순암은 당시 학술이 지리멸렬하며 당론黨論이 들끓는다고 지적하면서, "한쪽 편은 비록 연원이 있다고 하지만 그 학문이 단지 훈고訓詁와 소주小註에만 얽매이고, 외우고 익히는 바가 『중용中庸』

『대학大學』『심경心經』『근사록近思錄』에 불과하여 대부분 이록利祿에 이끌리고 있는 실정입니다"라고 했다. '근수규구謹守規矩'의 학풍에 대한 비판이었다. 즉 정해진 법도를 잘 지켜서 그 지식이 매우 거칠고 투박한데도, 이를 통해 출세만을 꾀했다는 것이다.

이는 당대 세도世道를 주도했던 서인西人·노론老論이 추구하는 학풍이었다. 노론은 주자朱子를 성현聖賢으로 추대하여 한 마디 말, 한 구절도 후학으로서 훼손할 수 없다고 하면서 절대시했다. 일상생활과 밀접한 하학下學을 중시하며 시대 변화에 조응하는 학문 체계 수립에 몰두해왔던 순암에게 이 같은 학문 풍토는 용납할 수 없는 것이었다. 바로 이것이 순암이 성호를 찾은 이유였다. 자신의 판단이 틀리지 않았다는 심증을 선배로부터 확인받고 싶었던 것이다.

오랜 고민의 흔적이 묻어나는 말 속에 숨겨진 깊은 뜻을 파악한 성호는 다음과 같이 이야기했다. "학문이란 다만 뜻을 겸허하게 갖는 데 달린 것이며, 뜻을 겸허히 가지고 오랫동안 학습하다보면, 의리가 저절로 성숙하여 마음이 편안하고 기운이 화평해질 것이다." 묵은 체증을 뚫어준 이익의 처방은 한마디로 자득自得이었다. 학문의 요지는 전적으로 자기 자신에게 달려 있는 것으로 다른 사람과는 전혀 상관없는 일이라는 것이다. 지금까지 해왔던 대로 앞으로도 쭉 밀고 나가라는 현답賢答이었다.

평소에 성호가 자득을 이루기 위해서 문인들에게 제시한 학습 방법은 회의懷疑하는 태도였다. 그는 '스승을 섬기는 데 의문을 숨길 수 없다事師無隱'는 원칙을 내걸었다. 학문이란 회의로부터 출발해 차츰 의심이 없는 단계에 이르며, 학문의 진전은 의심한 만큼

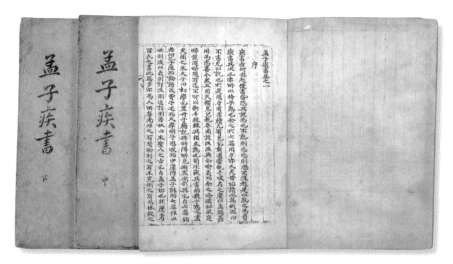

『맹자질서』(3책), 이익, 32.0×32.0cm, 규장각한국학연구원. 성호는 '질서'의 방법을 통해 기존 해석에 의문을 품고 한발 진전된 해석을 하면서 『논어질서』『맹자질서』『시경질서』『소학질서』 등을 남겼다.

달성되었다. 그 대상이 스승일지라도 괘념치 말라는 것이었다. 성호는 경전 학습 단계에서 문인들에게 자득과 회의를 이룰 수 있는 독서법으로 '묘계질서妙契疾書'를 제시했다.

'질서'는 북송北宋대 장재張載가 『정몽正蒙』을 저술할 때 거처하는 곳마다 필기구를 갖추어두고, 밤중일지라도 깨달은 것이 있으면 잊지 않게 빨리 기록해두는 학습법이었다. 성호는 '질서'의 방법을 통해 기왕의 해석에 대해 의심을 품고 다시 생각해보며, 그때 깨달은 자기 생각을 기록해둠으로써 새로운 진전을 모색할 수 있을 것으로 기대했다. 그런데 성호에 앞서 '묘계질서'를 주창했던 학자가 있었다. 바로 조선의 주자학을 확립했던 퇴계退溪 이황李滉이었다. 기왕의 설정된 생각의 틀에서 벗어나 무언가 새로움을 추구하려 했던 학자들에게 '묘계질서'는 반드시 취해야 할 독서법이었다.

'질서'와 함께 성호가 강조했던 공부법은 사제 간에 서로 묻고 질문하는 토론 방식이었다. 이러한 방식을 성호학파에서는 '이택麗澤' 강론이라 불렀다. '이택'은 나란히 있는 두 연못에 한쪽의 물이 마르면 다른 한쪽에서 보태주어 물 높이를 유지한다는 뜻을 담고 있다. 즉 '질서'의 독서법에 따라 스스로 깨달았지만 여전히 미흡한 내용에 대해서 사제 간에 문생 간에 격의 없는 토론을 통해 풀어가는 방법이었다.

'이택' 강론의 효과를 보장하기 위해서는 무엇보다 스승 혹은 선배의 태도가 매우 중요했다. 학문 토론의 장에서 권위나 나이를 앞세우는 태도는 지양해야 했다. 그래서 성호가 강조한 것이 하문下問의 중요성이었다. 일찍이 성호는 "꼴 베는 아이에게도 물어야 한다"는 고사를 인용하면서 아랫사람에게 하문하는 것을 장려했다. 그가 주목했던 인물은 주자였다. 주자는 경전의 대문大文을 주석註釋하면서 풀리지 않는 의문이 생기면 공개적으로 제자들과 논의해 자신의 견해를 확정해나갔기 때문이다. 노론에게 신神이었던 주자가 성호학파 내에서는 한 명의 뛰어난 주석가로, 그것도 제자들과 문답하며 자신의 학설을 수립한 학자로 묘사되었다.

성호 문인들에게 '이택' 강론은 성사聖師의 가르침이자 후학으로서 반드시 의뢰해야 할 방식이었다. 짧은 일정이었지만 성호의 가르침을 직접 전수받은 순암은 이를 두고두고 가슴에 새겼고, 뒷날 광주 터골에 '이택재麗澤齋'를 건립해 스승의 유훈遺訓을 계승해나갔다. 이렇게 함으로써 성호의 학문 방법은 순암을 통해 주요 학풍으로 확고히 자리 잡게 되었다.

성호와의 대면은 순암에게 칠흑 같은 어둠 속에서 방향을 잃고

『성호사설유선』(10책), 안정복, 23.0×14.4cm, 국립중앙박물관. 안정복이 스승 이익의 『성호사설』에서 분야별로 중요하다고 여기는 부분을 뽑아 정리한 편서다.

헤맬 때 만난 한 줄기 별빛과 같았다. 한 번의 번득이는 가르침은 순암으로 하여금 거침없이 앞으로 나아가게 했고, 그 결과 『동사강목東史綱目』『열조통기列朝通紀』『성호사설유선星湖僿說類選』『잡동산이雜同散異』『만물유취萬物類聚』 등이 실학의 밤하늘을 아름답게 수놓았다.

동국의 일을 탐구하다

순암은 병인년에 성호를 직접 만나 사제의 인연을 맺은 뒤 이듬해 정묘년(1747, 영조 23) 9월 20일 또 찾아뵈었고, 무진년(1748)에도 직접 가르침을 받았다. 이후에도 편지를 통해 여러 차례 서로의 관심사에 대해서 의견을 나누었다. 그중 주목되는 내용이 바로 동사東事였다. 동사란 조선의 법규와 제도, 체제와 형세를 의미했다.

일찍이 성호가 주목했던 동사의 관심사는 『성호사설』에 오롯이 담겨 있었다. 「만물萬物」「인사人事」「경사經史」「시문詩文」의 네 가지 편목을 중심으로 1000개가 넘는 항목이 편성되었다. 성호가 관심을 가졌던 동사의 핵심 내용은 당대 조선 정부가 해결해야 할 과제와 정확히 일치했다. 그중 경제 분야의 주제가 토지제도였다.

성호는 당시 농민의 생활상을 거론하면서, "나라 가운데 전답이 호족들의 소유가 아닌 것이 없으니 또한 무슨 도움이 되겠는가? 송곳 하나 꽂을 땅도 없는 백성에게 살갗까지 벗겨낸다는 것을 생각하지 않는가. 나는 백성을 다스리는 데는 전지를 고르게 하는 것이 좋은 방법이고 십일세十一稅가 그 다음이요"라고 했다. 예의 유형원柳馨

『성호사설』, 이익, 16.2×26.0cm, 국립중앙도서관. 천문, 지리, 역사, 정치, 경제 등의 내용을 총망라하는 저서다.

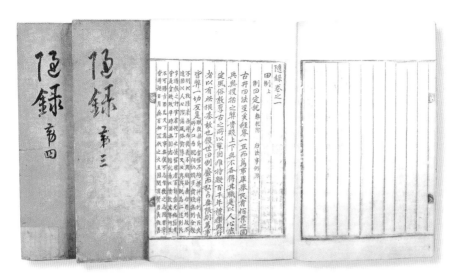

『반계수록』, 유형원, 28.0×19.2cm, 1770년 이전, 성호기념관.

遠 이래 남인南人계 경세經世 방략 가운데 하나였던 토지개혁의 필요성을 피력한 것이다.

하지만 성호가 앞선 선배들과 달랐던 점은 당대 현실을 엄중히 받아들였다는 사실이다. "토지개혁으로 인하여 즐기는 자가 100명이요 즐기지 않는 자가 한 사람일지라도 한 사람의 힘이 족히 100명의 힘을 막는다면 행할 수 없다." 토지개혁을 거부하는 기득권 세력의 막강한 힘을 심각하게 고려한 결과, 이상을 현실화하는 대신 현실을 이상으로 만드는 대안을 모색했다. '윗사람의 것을 덜어서 아랫사람에게 보내준다損上益下'는 원칙을 실현하기 위해서는 기득권 세력의 반발을 최소화할 수 있는 실질적인 방안이 모색될 필요가 있었다. 그 결과 제시된 개혁안이 한전론限田論이었다.

한전론은 일정한 규모의 영업전永業田을 설정하고 그 규모 이상

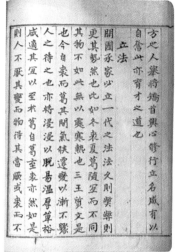

『곽우록』, 이익, 24.3×18.2cm, 18세기, 한국학중앙연구원 장서각. 이익의 경세치용에 관한 견해의 요체가 되는 저술이다. 19개 항목으로 국가가 당면하고 있는 문제에 대한 해결책이 백성의 입장에서 제시되어 있다.

은 절대로 사고팔 수 없도록 규정하는 것이었다. 즉 다전자多田者가 보유한 토지 소유권을 인정하되 더 이상의 토지 겸병은 억제하고, 영업전 이외의 보유 토지에 대해서는 무제한의 자유 매매를 허용했다. 이렇게 지주 세력의 토지 확장을 제한하면 공권력을 동원하지 않더라도 자식들에게 나눠주거나 혹은 경제적 파산 등의 경로를 통해 자연스럽게 축소될 것이었다. 매물로 나온 토지가 점차 증가하면 수요 공급의 원칙에 따라 좀더 싼 가격에 농민들에게 공급될 수 있었다. 한전론의 성패는 어렵사리 확보한 자영소농自營小農의 영업전을 안정적으로 보호 유지하는 데 달려 있었다. 이를 위해 성호는 영업전을 사고팔 경우, 구입자는 남의 영업전을 빼앗은 죄로, 판매자는 몰래 판 죄로 다스릴 것을 주장했다.

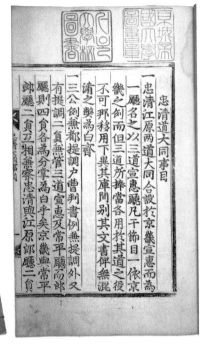

『호서대동사목』, 목판본,
33.5×21.7cm, 17세기,
규장각 한국학연구원.
1651년부터 김육의 주도로
충청도에서 시행된 대동법의 규정을
기록한 책자다.

이렇듯 한전론은 국가의 시장 개입을 최소화하는 대신 토지 거래를 활성화하여 균평의 목표를 달성해나가는 방안이었다. 영업전의 규모를 분명히 정해두지 않았다는 점에서 미흡하다고 할 수도 있다. 하지만 대토지 겸병이 일상화되고 있던 현실을 고려할 때 협상의 여지를 둔 탄력적인 대응으로 평가할 수도 있다. 한전제는 균전均田 이념을 달성하기까지 정전제井田制에 비해 상대적으로 많은 시일이 소요되지만 정전제 난행의 원인으로 지적되는 지주 세력과의 마찰을 최소화함으로써 그 목표를 달성할 수 있는 것이다.

당대에 대동법大同法(1608)에 이어서 균역법均役法(1750)이 시행되었다. 이는 양반 지배층 내부에 공멸의 위기감이 확산되면서 백성의 원성을 잠재우기 위해 제정된 조세 개정안이었다. 두 법이 양반 지주의 양보를 전제로 했다는 점에서 한전제 시행이 전혀 불가능한 것만은 아니었다. 공납貢納과 양역良役에서 발생한 모순을 극복하기 위해 양반 체면에도 불구하고 세금의 일부를 부담하는 상황에서 토지 소유의 제한에는 최고 통수권자인 국왕의 의지가 매우 중요하게 작용했다. 이것이 성호가 탕평蕩平에 주목한 이유였다.

그는 영조가 추진했던 노론과 소론少論 중심의 조제보합調劑保合적 탕평에 대해서 회의적이었다. 지배층 내부의 세력 조정에만 신경 쓰다가 탕평당蕩平黨을 조장했다는 쓴소리도 마다하지 않았다. 당시 영조는 무신란戊申亂(1728)에서 비롯된 민심 이반의 위기 상황을 극복하기 위해 적극적으로 탕평을 추진했다. 그 결과 노론 일방의 정국 운영에서 벗어나 왕권을 강화시켜나갈 수 있었다. 이에 대해 성호는 탕평의 궁극적인 목표인 빈부귀천의 불균등함을 교정하는 데까지 확장시켜야 한다고 보았다. "한편은 총애하고 한편은 소홀히 하며, 한편은 즐겁고 한편은 괴로움을 주어 부귀와 빈천을 고르게 못 하면 탕평은 어려울 것이다." 정파政派를 불문한 능력 위주의 인재 등용과 함께 사회경제적 불평등을 시정하는 것이 진정한 목표였던 것이다. 이러한 관점이 정확히 투영된 주제가 바로 신분제 문제였다.

성호는 불평등한 신분제를 해소할 논리로 조명론造命論을 제시했다. "다른 사람은 귀한데 나는 천하고, 남은 부자인데 나는 가난하고, 남은 편안한데 나는 수고로운 것은 사람에게 달린 것이다." 인간을 둘러싼 사회의 제 조건은 스스로의 노력을 통해 개선

가능하다는 발상이었다. 성호는 이를 노비제에 적용하여 다음과 같이 말했다. "오늘날 우리나라의 풍속은 족류族類를 차별하여 노예와 하천下賤은 수백 대를 내려가더라도 부귀영화를 누릴 도리가 없고, 경재상卿宰相의 가문에서는 천치바보도 모두 등용되니 아! 애석하고 통탄할 일이다." 조명론은 불평등한 계급 모순을 해소하는 데 필요한 사회 개혁론이었다.

성호는 여기서 한발 더 나아가 노비제 혁파와 관련된 파격적인 방안을 제시했다. "천예賤隸들 또한 과거시험에 응시하는 것을 허락한다. 문무과 및 진사에 입격한 자는 관官에서 값을 내어 속량贖良시킨다. 이렇게 하면 노비는 점점 줄어들고 나라는 반드시 힘을 입을 것이다." 당대의 벌열閥閱 문제와 신분제 모순을 일거에 혁파할 수 있는 묘안이었다.

이렇게 동사를 주제로 성호가 그린 큰 그림은 순암에 이르러 역사학과 목민학牧民學 분야로 넓혀나가 체계화되었다.

현장에 움튼 경세치용의 싹

순암은 학파 내에서 천주교에 대해 보수적 입장을 견지했다는 점에서 성호우파星湖右派로 평가되었다. 하지만 실학의 관점에서 구체적으로 따져보면 정약용에 앞서 경세치용經世致用의 학풍을 현실에 적용해 학술의 꽃을 피운 직계 제자였다. 이 같은 사실은 주요 저서인 『동사강목』과 『임관정요臨官政要』에서 확인할 수 있다.

『동사강목』은 동인東人으로서 동사를 익히기 위해 편찬되었으

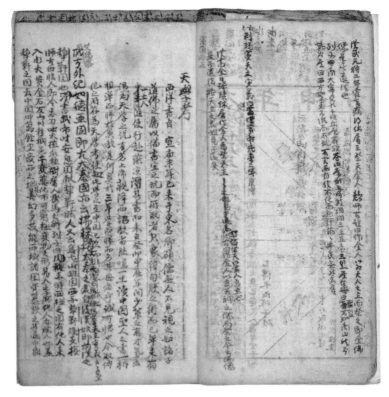

「천학고天學考」, 『안정복일기』, 안정복, 국립중앙박물관. 성호 학통의 계승자로서 온건주의 쪽에 속했던 순암이 젊은 학자들이 천주교에 매료돼 쏠리는 것을 우려해 그들을 깨우치려 지은 것이다.

며, 성호와 동료 문인의 전폭적인 후원을 받아 완성된 사찬私撰 사서史書였다. 『동사강목』을 편찬할 때에는 아낌없이 지도해주셨으니 확정되지 않고 잘못된 채로 놓여 있는 강역을 바로잡고, 숨겨진 채 드러나지 않은 의리를 밝힌 것은 모두 그 가르침을 받든 것이었다." 순암이 역사 편찬을 통해서 얻고자 했던 교훈은 "자신이 그와 같은 일을 당했을 때 어떻게 대처할 것인가를 스스로 생각해야 한다"는 것이었다. 『동사강목』은 격변기를 겪고 있던 조선의 앞길을 비춰줄 지침서였다.

『동사강목』(5책), 안정복, 24.3×15.7cm, 국립중앙박물관. 고조선부터 고려 말까지 편년체로 저술한 역사서다.

　순암이 남긴 '안按'설에는 자신이 주목했던 경세 지침이 담겨 있는데, 그중 군신관계도 있다. 역사상 신료들에 의해 왕권이 제약되면 국정의 난맥상이 초래되어 끝내 멸망했는데, 대표적인 사례로 고려를 들었다. 당시 군권이 약해지고 신권이 강해지는 主弱臣强 현상이 나타나면서 권병權柄이 신료들에게 대대로 전해졌고, 군주는 방관자로 남겨졌다. 심지어 신료들이 마음대로 군주를 폐립하고, 신하가 군주를 방자하게 꾸짖는 상황이 연출되기도 했다.

　직접 언급하고 있진 않지만 순암의 관직 경력에 비춰볼 때 탕평군주의 위상 확립을 염두에 둔 발언으로 이해할 수 있다. 순암은 친구 채제공蔡濟恭의 천거로 조정에 나아가 익위사 익찬翊衛司翊贊에 재직하면서 세손 시절 정조에게 제왕의 학문을 강론한 바 있었다. 정조가 탕평 정치를 펼치면서 강조한 통치 원리가 일군만민一君 萬民 사상이었는데, 순암 역시 "법령은 신하의 간섭 없이 군주로부터 나오게 하여 백성이 군주를 받들게 해야 한다"고 했다. 국왕과 백성 사이를 가로막는 사람이 있어서 거두는 권한을 훔치고, 널리 나눠주는 은덕을 막는다면 임금이 능히 극極을 세우지 못하며 백성도 능히 고르게 받지 못하게 되는 것이었다.

이 문제를 바로잡기 위해서는 목민관牧民官의 역할과 위상이 매우 중요했다. 천하는 지극히 넓고 사민士民은 매우 많아서 국왕 한 사람의 총명으로는 다스릴 수 없기 때문이었다. 일찍이 지방관의 역할과 위상에 주목했던 순암은 목민학의 전통 속에서 『임관정요』를 저술해 수령에게 꼭 필요한 업무 매뉴얼을 제시했다.

「고신告身」, 영조 발급, 57.0×82.0cm, 1772, 한국학중앙연구원 장서각. 영조 48년(1772) 안정복이 61세 때 친구 병조판서 채제공의 천거로 익위사 익찬에 임명되면서 받은 교지.

『임관정요』는 「정어政語」 「정적政積」 「시조時措」편으로 구성되었다. 「정어」에는 성현들의 가르침을, 「정적」에는 구체적인 통치 사례를 소개했다. 「시조」편에는 실제 경험을 바탕으로 작성한 때에 알맞은 방안이 일목요연하게 제시되었다. 『임관정요』는 『목민심서牧民心書』의 편찬에 적지 않은 영향을 끼쳤다. 성호–순암–다산茶山으로 이어져 내려간 경세치용의 학맥을 구체적으로 확인할 수 있다.

일찍이 성호는 "덕예德禮를 먼저 하고 정형政刑을 뒤에 거행한다"는 향촌사회의 운영 원리를 제시했다. 그런데 덧붙이기를 "형법의 역할을 간과해서는 인정仁政의 효과도 기대하기 어렵다"고 했다. 즉

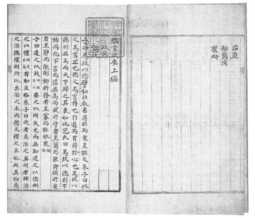

『임관정요』, 안정복, 28.8×19.1cm, 국립중앙박물관. 지방
행정을 수행하는 데 꼭 필요한 통치 덕목을 기록했다.

'너그럽기만 하면 다스려지기 어렵다寬難'는 인식을 갖고 있었던 것
이다. 이 가르침을 받은 순암은 "정情과 법法의 경중을 헤아려 그
중도中道를 구해 힘쓴다"고 했다. 백성의 처지를 잘 헤아려서 너그
러움과 엄정함을 알맞게 적용하는 것이다. 중도는 목민관의 뛰어
난 현실 감각과 업무 파악 및 수행 능력을 전제로 한 통치술이었다.

성호와 순암은 형법刑法을 우선 적용해야 할 대상으로 세력 있는
교활한 자豪猾와 뇌물 받은 아전贓吏을 꼽았다. 특히 아전은 행정 일
선에서 대민 업무를 수행하는 중간 지배층이었다. 만약 이들이 간
사한 짓을 일삼고 죄를 범하여 법을 업신여긴다면 그 피해는 고스
란히 백성에게 돌아가기 때문이었다. 따라서 탐학을 통해 인은 이
익만큼 그 죄과를 치르게法利乘除 해야 한다는 원칙도 천명했다.

또한 아전은 백성의 사정을 소통通下情하여 상급자에게 전달하

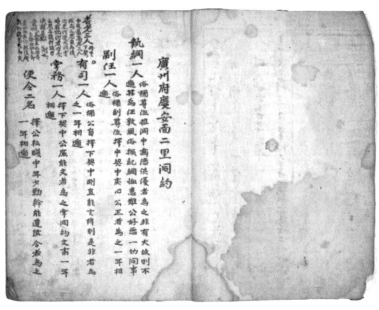
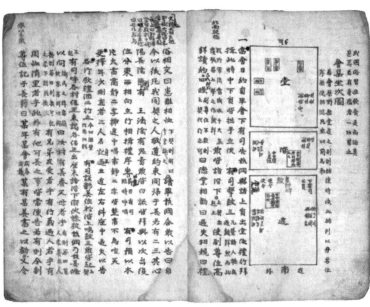

『약헌-향약』, 안정복, 29.0×21.0cm, 한국학중앙연구원 장서각. 광주부 경안면 2리 동약과 회집좌차도會集坐次圖 부분이다.

는 역할을 수행했다. 만약 사사로운 이익에 얽매여 여론을 왜곡하게 된다면 수령은 한 치 앞도 내다볼 수 없는 허수아비에 불과할 뿐이었다. 당연히 백성의 사정을 여과 없이 전달해줄 사람과 수단이 강구되어야 했다. 이를 위해 순암은 수령의 눈과 귀가 되어줄 사람을 잘 부리고, 항통법缿筒法을 시행해 백성이 민원을 직접 수령에게 호소하는 방식을 제시했다.

이렇게 파악된 향촌 내 실상을 정책에 반영해 실효를 거두기 위해서는 무엇보다 백성의 참여가 절실했다. 미덥지 못한 아전을 대신해서 백성의 직접 참여를 이끌어낸 성과가 동약洞約이었다. 순암은 자신이 거처하는 경안이리慶安二里에 적용할 동약을 만들었다. 그는 백성의 처지를 진작시키기 위해서는 반드시 백성이 눈으로 보는 곳에서부터 시작해야 한다고 생각했다. 이에 동약을 만들면서 백성에게 적용될 약조約條를 양반들과의 약조보다 앞에 배치했다. 이 같은 구성은 이전에 볼 수 없었던 것으로 백성에 대한 배려이자 현실을 반영한 결과였다. 즉 양반 지식인으로서 생산력 발전에 따른 농민의 사회의식 성장을 고려하지 않을 수 없었던 것이다.

특히 백성에 대한 처벌과 관련해서는 예전처럼 동네 집강執綱이 독단적으로 결정하는 것이 아니라 백성의 대표인 삼로三老와 상의를 거쳐야 했다. 개별 인신 구속과 관련하여 이해 당사자의 동의를 거쳐야 한다는 것은 인권人權을 존중하는 의식이 싹트고 있었음을 보여주는 귀중한 사례. 신체 자유의 허용은 근대사회의 구성원으로서 보장받아야 할 기본권이었다. 이처럼 동약에 피지배층의 의사가 반영되기 시작했다는 사실은 백성이 동약 운영과 집행 과정에까지 관여할 수 있을 정도로 성장했음을 반증하는 것이다.

安順庵像 二千八十 字 李壃燮 画

「순암 안정복 초상」, 이준섭.

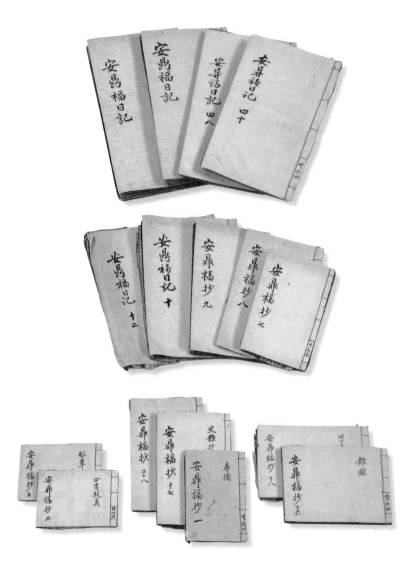

『안정복일기』, 안정복, 국립중앙박물관. 안정복의 친필 일기와 잡저들을 모아놓은 자료다. 역대의 시문과 명문장, 역서 등을 초록했고, 책력에 기록한 개인적인 일기와 메모 두 수록했다.

성호와 순암이 생존했던 18세기 조선은 이전 시기에 비해 경세치용의 학풍을 펼치기에 적합한 환경을 갖추고 있었다. 대동과 균평을 지향하는 국왕이 권좌에 앉아 있었고, 양반 지주들의 양보 결과로 주요 세금 정책이 시행되었으며, 농업 생산력 발전과 상품 화폐 경제 발달을 통해 재부財富를 축적하는 백성이 점차 늘어나던 시대였다. 경세치용은 생산력 발전에 따라 늘어난 과실을 탕평의 정치 이념에 비추어 고르게 분배함으로써 모든 사회 구성원이 함께 잘 사는 나라를 만드는 데에 적합한 학문 경향이었다. 성호가 제시한 이 학풍은 문인 제자들에 의해 여러 부면에 걸쳐 다양하게 적용되었다. 특별히 순암은 역사학과 목민학에 관심을 갖고, 해당 분야에서 학술 성과를 남겼다. 이로써 경세치용은 현실의 마당에서 작은 싹을 틔울 수 있게 되었다.

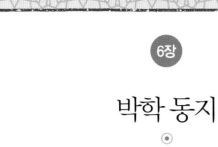

6장

박학 동지

◉

황윤석과 김용겸

박현순

족보가 계기가 된 첫 만남

1789년 4월 황윤석黃胤錫(1729~1791)은 판서를 지낸 효효재嘐嘐齋 김용겸金用謙(1702~1789)의 장례식을 앞두고 한 편의 만사輓詞를 지어 한양 장동으로 올려 보냈다. 그 글에는 김용겸에 대한 감사와 그리움이 깊게 배어 있었다. 황윤석은 지기知己의 은혜를 입었다고 표현했다. 김용겸이 자신을 이해하고 재능을 알아주었다는 것이다.

황윤석은 전라도 흥덕(현재의 고창군 성내면)에서 나고 자랐다. 60년이 넘는 생애의 대부분을 고향에서 지냈고, 한양에서 생활한 것은 4~5년에 불과했다. 반면 김용겸은 한양 장동에서 나고 자랐다. 청년 시절 한양을 떠나 있었던 적도 있으나 중년 이후에는 선대부터 이어 내려온 세거지인 인왕산 자락의 장동을 지키고 있었다. 두 사람은 나이도 스물일곱 살이나 차이가 났다. 얼핏 보면 둘의 삶은 공간상으로나 시간상으로나 멀리 떨어져 있었다. 그러나 18세기 후반 한양이라는 공간에 불어닥친 새로운 바람을 타고 두

「청휘각」, 정선, 종이에 엷은색, 29.5×33.0cm, 1754, 국립중앙박물관. 김용겸의 할아버지 김수항이 인왕산 자락에 거주하며 지은 것이 청휘각이다.

『노가재연행일기』, 김창업, 종이에 먹, 33.3×20.5cm, 1712, 국립중앙도서관. 김창업은 김용겸의 숙부였다.

사람은 막역한 지우知遇를 맺게 되었다.

　접점이 없어 보이는 황윤석과 김용겸을 이어준 것은 17세기 중반 조종운趙從耘(1607~1683)이 편찬한 『씨족원류氏族源流』라는 족보였다. 당시 한양에서 의영고 봉사義盈庫奉事로 근무하던 황윤석은 집안의 족보를 편찬하기 위하여 다방면으로 자료를 조사하고 있었다. 그 와중인 1769년 3월 안동 김씨 집안의 족보를 참고하기 위해 김용겸을 방문했다. 황윤석이 마흔하나, 김용겸이 예순여덟 살 때였다.

「박지원 초상」, 89.5×41.8cm, 실학박물관.

황윤석은 어린 시절부터 영민하여 경학과 문학으로 명성을 얻었고, 서른한 살 때 진사가 되었다. 학문적 열망도 강해 경기도 광주에 은거하던 노론 사상계의 종장 김원행金元行을 찾아가 제자가 되었다. 게다가 어려서부터 다방면에 관심을 갖고 많은 책을 섭렵하여 박학으로도 이름이 났으며, 특히 수학과 역학 분야에는 상당히 조예가 깊었다. 이런 재능에 힘입어 서른여덟 살 때 벼슬길에 올라 장릉 참봉으로 2년간 근무하고 의영고 봉사로 승진하여 한양에서 벼슬을 살게 되었다. 그리고 이참에 집안의 족보를 편찬하는 데 필요한 자료를 찾아 김용겸을 방문했던 것이다.

김용겸은 숙종대에 영의정을 지낸 김수항金壽恒의 손자이자 조선 후기 척화의 상징인 김상헌金尙憲의 현손이다. 숙종대 조선의 정계와 사상계, 문화계를 주름 잡은 김창집金昌集, 김창협金昌協, 김창흡金昌翕, 김창업金昌業이 숙부였다.

남부러울 것 없이 풍족한 환경에서 자랐을 법하지만 김용겸에게도 아픔이 있었다. 개인적으로 부친을 일찍 여의기도 했지만 막 성인이 되었을 때 정치적인 풍파로 집안이 풍비박산 났기 때문이

『담헌서』,
홍대용, 천안박물관.

『청장관전서』, 이덕무,
27.5×19.8cm, 1795,
규장각 한국학연구원.

있다. 이른바 노론사대신의 한 사람인 숙부 김창집과 그 아들 김제겸金濟謙, 손자 김성행金省行이 역적으로 몰려 죽음을 맞았고, 김용겸과 사촌들은 연좌 죄인으로 유배길에 올랐다. 4년 후 유배에서 풀려나기는 했지만 그와 사촌 형제들은 숙부가 완전히 복권될 때까지 도성 주변을 떠돌며 지냈다. 김용겸의 청년 시절은 그렇게 흘러가버렸다.

그러나 김용겸에게는 여러 세대에 걸쳐 혈연과 혼인, 학연으로 얽힌 노론의 인맥과 문화적 자산이 있었다. 중년에 접어든 김용겸은 예학과 박학으로 명성을 얻었다. 게다가 한때 역적으로 몰렸던 집안은 다시 충신의 집안으로 추앙되기 시작했다. 언젠가부터 김용겸의 주변에 젊은이들이 모여들기 시작했다. 그 가운데에는 현재 김용겸보다 더 유명해진 박지원朴趾源, 홍대용洪大容, 이덕무李德懋 같은 인물들이 있었다. 김용겸은 18세기 후반 한양 문화계의 중심에 있었다.

낯선 시골 청년의 방문을 받은 김용겸은 다소 떨떠름한 반응을 보였다. 『씨족원류』를 꺼내 보여주기는 했지만 빌려주기는 어렵다며 선을 그었다. 이 책은 당시 도성 안에 몇 질이 없는 귀한 책이었으니, 낯선 청년에게 선뜻 내줄 수 있는 물건은 아니었다.

그런데 경험 많고 박식한 노인은 할 이야기도 많았다. 그 역시 젊은 시절부터 집안의 족보를 편찬하기 위해 힘을 쏟아 보학譜學에 관심이 많았다. 이야기는 『씨족원류』에서 시작해 당시에 새로 알려진 정시술丁時述의 『제성보諸姓譜』, 임곤任昆의 『성원총록姓苑叢錄』 같은 족보와 『주자가례』의 복제服制 문제로 이어졌다. 두 집안의 가계 이력에서 시작된 이야기는 황윤석의 관향인 평해의 월송정越松亭, 고향 인근인 변산반도의 명승지로 이어졌다. 시간 가는 줄 모르고 꼬리에 꼬리를 무는 이야기를 잇던 두 사람은 의영고 옆 사역원 열천루洌泉樓에 함께 놀러 가자고 약속하기에 이르렀다. 그사이 김용겸은 마음을 열어 황윤석에게 『씨족원류』 7책을 집에 가져가서 보라고 허락했다.

「이재 초상」, 비단에 색, 97.9×56.4cm, 조선 후기, 국립중앙박물관. 김용겸은 도암 이재 문하에서 성리학을 배웠다.

오가는 책 속에 영글어가는 박학의 꿈

책을 받아든 황윤석은 여러 날에 걸쳐 이를 검토하고 관심이 가는 내용은 발췌해 꼼꼼하게 별도의 기록을 만들어두었다. 그리고 책을 돌려보내며 감사의 뜻을 담아 김용겸을 사역원 열천루로 초대했다.

누상에 앉은 두 사람은 다시 이런저런 이야기를 나누기 시작했다. 김용겸은 박학자답게 『주역』, 홍범洪範, 악률樂律, 역법曆法, 산학算學, 토지·군사·관직 제도 등 여러 분야를 넘나들며 이야기를 이어갔다. 그리고 어느 순간 마주 앉은 청년이 자신의 온갖 이야기에 화답하고 있다는 것을 깨달았다.

어려서 부친을 여읜 김용겸은 숙부들의 가르침을 받았고, 노론의 많은 젊은이가 그랬던 것처럼 도암陶菴 이재李縡의 문하에서 정통 성리학을 공부했다. 특히 고례古禮에 뜻을 두어 젊은 시절에 주희가 지은 예서禮書인 『의례경전통해儀禮經傳通解』를 통째로 암송했다. 그 후에도 오랜 기간에 걸쳐 연구를 거듭해 특히 예학에 밝다는 평가를 받았다.

그러나 김용겸의 관심 분야는 훨씬 더 다양했다. 특히 국가 전례악에 관심을 갖고 악률樂律을 연구했을 뿐 아니라 천문역학, 자학字學, 운학韻學, 병학兵學, 보학譜學, 서화書畫 등 다방면의 책을 닥치는 대로 섭렵했다. 그는 많은 장서를 소장했을 뿐 아니라 한양에 세거한 명문 고가의 넓은 교유망을 통해 도성 안의 온갖 책을 자유롭게 빌려 볼 수 있었다. 그는 독서광이었다.

18세기 후반 조선에서는 박학博學이 새로운 학문 풍조로 떠올랐다. 김용겸이 젊었던 시절에는 이런 학풍을 선호한 사람이 소수였다. 폭넓은 교유망을 가진 김용겸도 이런 학풍을 함께할 수 있는 사람을 자주 접하기는 어려웠다. 그와 뜻을 같이한 벗으로는 이재의 문하에서 동문 수학한 홍계희洪啓禧 정도가 있었을 뿐이다. 홍계희는 균역법을 입안한 인물로 시무에 밝은 경세가이기도 했지만 전통적인 의리론을 넘어 다방면에 관심을 쏟은 박학자이기도 했다. 김용겸은 홍계희를 당대 최고의 박학자로 꼽았다.

김용겸은 황윤석이 홍계희 못지않게 여러 분야에 걸쳐 식견을 갖추고 있는 것을 보고 놀랐다. 자신이나 홍계희는 한양의 명문가에서 나고 자라 어려서부터 조선 문화계의 최첨단에서 선진 문물을 접하고 다양한 책을 섭렵할 수 있었다. 하지만 황윤석은 궁벽한 시골에서 올라온 젊은이가 아닌가? 황윤석도 김용겸의 이야기를 들으며 놀라기는 매한가지였다. 스스로 박학에 큰 자부심을 갖고 있었지만 이 노인 앞에서는 우물 안 개구리일 뿐이었다. 김용겸은 자신이 제목도 들어보지 못한 책들을 다 읽고 그 책의 내용에 대해 이야기하고 있지 않은가? 이렇게 서로에게 탄복한 두 사람은 오랜 지기를 만난 듯 끊임없이 이야기를 이어갔다. 겉으로 드러나는 나이나 지역, 출신 배경을 훌쩍 뛰어넘어 두 사람은 박학이라는 공통된 학문적 지향을 통해 인연을 맺기 시작했다.

이틀날부터 장동 김용겸의 집에서 황윤석이 근무하는 경복궁 앞 의영고로 책이 배달되기 시작했다. 김용겸은 자신이 읽은 책을 평하고 소개했을 뿐 아니라 상대에게 책을 빌려주는 데도 적극적이었다. 그는 뜻이 맞는 사람들과 함께 책을 연구하고 이야기 나누는 것을 즐겼다. 때로는 다른 사람에게서 책을 빌려다주는 수

고도 마다하지 않았다.

　김용겸은 자신과 황윤석의 성향을 '호고박관好古博觀'으로 표현했다. 옛것을 좋아하고 다양한 문헌을 섭렵한다는 것이다. 옛것이란 곧 유학과 주자학의 근본 이념을 가리키며, 다양한 문헌을 섭렵하는 것은 그 정신을 밝히고 구체화하기 위한 학문적 방법론이었다. 두 사람은 박학자로 명성을 얻었지만 김용겸은 예서인『의례경전통해』, 황윤석은『성리대전性理大全』을 학문의 기반으로 삼았다. 이런 면에서 두 사람은 정통 성리학자였다. 그러나 둘은 고전에 대한 탐구에 천착하는 와중에도 박학이라는 새로운 길로 나아갔고, 결국 박학자라는 명성을 얻게 되었다.

　두 사람은 운학韻學, 자학字學, 병학兵學, 역학易學, 산학算學, 음악音樂, 예학禮學 등 다양한 분야에 대한 책을 함께 검토했다. 그중에서도 김용겸이 특히 관심을 보인 부분은 운학과 음악이었다. 김용겸은 특히 최세진崔世珍의『사성통해四聲通解』에 반영된 소리가 정음正音에 가깝다고 인식하고, 황윤석이 강희제 때 편찬된 음악 서적인『율려정의律呂正義』를 토대로 이 책을 연구하여 정음을 복원해줄 것을 기대했다. 그들에게 박학은 단순히 많은 것을 안다는 지식 차원이 아니라 그 지식을 토대로 세상의 질서를 바로잡고자 하는 경세의 방법이었다.

　김용겸은 문장으로 이름난 명가에서 나고 자랐지만 스스로는 글쓰기를 즐겨하지 않았다. 이런 탓에 전하는 글이 거의 없다. 그러나 황윤석은 김용겸을 통해 새로운 세계를 경험할 때마다 글을 남겼다. 황윤석의 일기『이재난고』에는 이런 글들이 빼곡히 실려 있다.

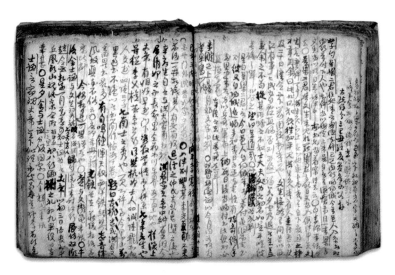

『이재난고』, 황윤석, 25.4×22.6cm 내외, 전북 유형문화재 제111호, 18세기, 개인.

김용겸은 황윤석에게 많은 책을 소개했는데, 황윤석이 가장 관심을 드러낸 책은 현종대에 안명로安命老가 편찬한 병서 『연기신편演機新編』이었다. 김용겸은 황윤석이 병가兵家에 약하다고 지적하면서 이 책을 추천했다. 뒤에 황윤석은 이 책을 김석문金錫文의 『역학도해易學圖解』와 더불어 우리나라의 저술 중 가장 훌륭한 것으로 꼽고 「안씨연기신편소지安氏演機新編小識」라는 글을 짓기도 했다.

물론 김용겸도 황윤석을 통해 자신의 지적 연구를 심화시켜갔다. 황윤석은 특히 역학과 산학으로 일가를 이루었다. 김용겸은 황윤석을 통해 김석문의 『역학도해』를 좀더 심도 있게 고찰할 수 있었다. 두 사람은 나이와 처지가 달랐지만 서로를 가르치고 서로에게 배우는 박학 동지였다.

박학으로 이어진 사람들

김용겸은 노론 명문가의 자제였고, 그의 친인척과 동학同學, 친구들 중에는 쟁쟁한 인물이 많았다. 게다가 덕 있는 노인으로 인식되었던 까닭에 도성 안의 남자아이들이 관례冠禮를 치를 때 빈賓으로 초청받는 일이 많아 그 횟수가 50여 회나 되었다. 이 일은 세간의 화젯거리가 되기도 했다. 그 가운데에는 남공철南公轍과 이서구李書九 같은 이도 있었다. 이들 집안과 세교世交를 맺고 있었던 것이다.

그런데 노년의 김용겸이 어울린 사람들 가운데는 유독 젊은이가 많았다. 흔히 북학파로 불리는 박지원, 홍대용, 이덕무, 박제가

「박제가 초상」, 10.4×12.2cm, 1790, 파친시.

朴齊家는 김용겸의 가장 가까이에 있던 인물들이다. 또 서얼 출신으로 1763년 통신사를 따라 일본에 다녀온 원중거元重擧와 성대중成大中, 제주 영리營吏 출신으로 오키나와에 표류했다가 돌아온 『표해록漂海錄』의 저자 장한철張漢喆도 김용겸이 가까이했던 인물이다. 통소 연주자이자 서예가로 유명했던 이한진李漢鎭, 정통 성리학과 예학을 계승한 박윤원朴胤源도 측근에 있었다. 이들은 당대의 학계와 문단에서도 눈에 띄었지만 오늘날 더욱 관심을 받고 있는 인물들이다. 당대에 새로운 학풍과 문풍을 열어가던 젊은이들이 김용겸의 주변에 몰려 있었던 것이다.

김용겸은 숙부인 김창흡의 호방한 기풍을 이어받아 성격이 걸걸하고, 나이와 신분에 구애받지 않고 다양한 사람들과 어울리며 학문을 논하고 풍류를 즐겼다. 그의 주변에는 늘 많은 사람이 있었다.

김용겸의 넓은 교유관계는 황윤석에게도 영향을 미쳤다. 김용겸은 한양에서 외롭게 지내는 황윤석을 위해 의영고 근처에 살던 심유진沈有鎭을 소개해주었다. 그는 자학字學에 뜻을 두고 있었다. 심유진은 다시 산학算學에 관심을 둔 이현직李顯直을 소개해주었고, 이현직은 역시 같은 관심사를 가진 조학량趙學良을 소개해주었다. 이렇게 관심사가 비슷한 사람들을 연이어 알게 되면서 황윤석은 한양에서 다양한 사람을 사귀고 그들이 소장한 다양한 서적을 섭렵하며 학문적 시야를 넓힐 수 있었다.

김용겸이 꼭 소개하지 않더라도 김용겸의 주변에 있던 사람들은 자연스럽게 서로를 찾아다녔다. 황윤석은 자신의 관심에 따라 역학에 밝은 홍대용과 전고典故에 밝은 이만운李萬運을 찾아갔고, 이덕무는 이만운을 따라 황윤석을 찾아왔다. 이덕무에게 이만운을 소개한 사람은 김용겸이었다. 이들은 너 나 할 것 없이 자신과 유사한 관심사를 보유한 사람들을 찾아다니며 학문을 논하고 식견을 높이고자 했다. 그 관계가 이어지면서 도성 안에는 박학을 매개로 하는 학문적 네트워크가 만들어졌다.

천문역산에 관심이 많았던 황윤석은 1766년 3월 과거를 보러 왔다가 서호수徐浩修를 방문한 적이 있었다. 서호수와의 만남은 황윤석에게 큰 충격을 안겨주었다. 서호수는 황윤석보다 일곱 살이나 어렸지만 자신이 미처 들어보지도 못한 중국의 천문역산 서적

들까지 다 섭렵하고 있었다. 서호수를 만나고 온 뒤 황윤석은 일기에 '참으로 사람은 경화京華에 살지 않으면 안 된다. 시골에 살면 아무리 재능이 뛰어나더라도 빠른 길을 찾을 수 없다'고 적었다. 스스로 천문역산에 뛰어나다 자부하고 있었지만 한양의 지적 수준은 그의 상상을 넘어서 있었다. 황윤석은 탄식할 수밖에 없었다.

황윤석이 한양에 머문 기간은 일생을 통틀어 4~5년에 불과했다. 그러나 이 짧은 기간에 황윤석은 김용겸과 그 주변에 있는 많은 사람을 만났다. 특히 홍대용, 이만운, 이덕무와는 학문적으로나 인간적으로나 상당히 끈끈한 관계를 맺었다. 그리고 그들을 통해 18세기 후반 한양을 중심으로 만들어진 박학의 네트워크에 동참할 수 있었다. 김용겸은 황윤석에게 새로운 세계를 열어주었다.

김용겸을 그리워하는 사람들

1789년 2월 김용겸은 88세의 나이로 세상을 떠났다. 두 사람이 만난 지 꼭 20년 만이었다. 사실 두 사람이 얼굴을 맞대고 이야기를 나눴던 기간은 통틀어도 3~4년에 불과했다. 황윤석이 한양에서 벼슬살이를 한 기간이 짧았기 때문이다. 그러나 두 사람의 인연은 김용겸이 세상을 떠날 때까지 계속되었다. 그 사이 두 사람의 삶도 크게 달라졌다.

김용겸은 정조의 총애를 받아 여든이 다 된 나이에 승지가 되고 장악원 제조가 되었다. 음관 출신으로 장악원 제조가 된 일은 이때가 처음이었다고 전한다. 정조는 팔십이 넘은 김용겸을 공조판

장악원 제조인,
7.7×7.7cm, 1494, 국립고궁박물관.

서의 자리에도 앉혔다. 학자 군주 정
조에게 김용겸은 박학하고 예학에 밝은
어른이었다. 게다가 대를 이은 충신의 후손이
었다. 정조는 김용겸을 한껏 예우했고, 이로써 김용겸은 노년에
예상치 못한 영달을 맞이하게 되었다.

황윤석은 꿈에 그리던 문과 급제에는 실패했지만 바람대로 지
방 수령으로 나갈 수 있었다. 김용겸도 그가 수령으로 나가는 데
한몫 거들었다. 그러나 벼슬은 쉽게 떨어져 나갔다. 황윤석은 짧
은 벼슬살이를 뒤로하고 고향에서 여생을 보냈다.

하지만 떨어져 있는 동안에도 박학의 뜻으로 맺은 인연은 끊어
지지 않았다. 두 사람은 오가는 인편으로 안부를 전하며 서로를
그리워했다. 그리고 황윤석이 한양에 올라오는 날에는 다시 예전
처럼 책을 파고들며 이야기를 이어갔다. 그리 길지는 않았지만 그
들에게는 더없이 즐겁고 행복한 시간이었다.

황윤석은 한양에서 벼슬살이를 하는 동안 많은 사람을 만났는
데, 그중에는 고관들도 있었다. 그는 노년에 후손들을 위해 자신
과 한양 사대부들의 교유관계를 정리한 글을 남겼다. 여기에는 부
친 때부터 교유한 조정趙啍과 그 형제인 조돈趙暾·조임趙曔, 영의정
을 지낸 홍봉한洪鳳漢과 서지수徐志修, 그 외 정홍순鄭弘淳, 김치인金
致仁, 홍계희洪啓禧, 정존겸鄭存謙, 원인손元仁孫, 신회申晦 등 많은 고

관이 등장한다. 그러나 황윤석은 자신이 그들을 먼저 찾아가지도 않았고 온전히 속내를 나누지도 않았다고 적었다. 이와 달리 오직 김용겸만은 자신이 먼저 찾아갔다고 전했다. 그만큼 김용겸은 특별했던 것이다.

황윤석은 김용겸에게 지기의 은혜를 입었다고 말했다. 그는 뛰어난 재능을 갖고 있었지만 이를 한껏 펼칠 기회를 얻지는 못했다. 그러나 김용겸은 황윤석의 재능을 아끼고 그 사람됨을 아꼈다. 황윤석은 어느 날 일기에 "김어르신이 정말로 나를 아끼시는구나"라고 적었다. 황윤석으로서는 감격스러운 일이었다.

김용겸이 자신을 아꼈다고 느끼는 사람은 비단 황윤석만이 아니었다. 박지원은 김용겸이 자신과 홍대용을 가장 가까이했다고 전했고, 박윤원은 김용겸이 자신을 가장 아꼈다고 전했으며, 성대중은 김용겸이 자신의 벗인 이한진을 가장 가까이했다고 전했다. 김용겸과 어울린 젊은이들은 다들 자신과 김용겸의 관계가 특별하다고 느꼈던 것이다.

김용겸에게 특별한 은혜를 입었다고 생각한 사람 중 한 명이 이덕무였다. 이덕무는 자신이 지은 『사소절士小節』에 다음과 같은 이야기를 실었다.

효효재嘐嘐齋 김공金公(김용겸)은 머리가 하얀 노경에도 배우기를 좋아하고 남에게 가르쳐주기를 게을리하지 않는다. 총민한 소년을 만나면 반드시 쌓인 서책을 흔연히 펼치고 옛사람의 아름다운 일과 좋은 말을 찾아내서 읊조리고 강론하며 끈덕지고 자상하게 일러주었다. 나는 찾아가 뵐 때마다 소득이 많았으니, 농암農巖(김창협)·삼연三淵(김창

歙)의 유풍遺風을 볼 수 있었다.

　이덕무가 그린 김용겸의 모습은 황윤석이 만난 김용겸과 다르
지 않다. 김용겸은 노년에도 지치지 않고 배우기를 즐기는 학자였
다. 나아가 젊은이들과 어울리며 책에 대해 이야기하고 책 빌려주
기를 즐기며, 자신의 견문과 식견을 그들과 나누는 교육자였다.

　성리학의 전승 계보를 중시하는 관점에서 보면 김용겸과 젊은
이들은 사제관계가 아니었다. 홍대용에게도, 황윤석에게도, 박윤
원에게도 스승은 정통 성리학자인 김원행이었다. 그러나 이들도
김용겸과의 관계를 특별하다고 인식했다. 실질적인 면에서 보면
김용겸을 스승이라고 일컬어도 이상할 것이 없다.

　성대중은 김용겸의 장례식에 다녀온 후 한 편의 시를 남겼다. 그
시는 "백수白首에도 문헌의 뒤를 쫓더니 묘문墓門에서 조문하는 이
들이 거의 다 문생門生이구나白首猥追文獻後 墓門相弔幾門生"라는 구절
로 끝난다. 비록 세상에서 생각하는 사제관계는 아니었지만 이는
사제에 버금가는 관계였던 것이다.

　김용겸은 18세기 후반 한양 박학계의 대부였다. 기질이 활달하
고 호방했던 그는 때로는 거침없는 언행으로 사람들을 놀라게 하
는 기인奇人이기도 했다. 그는 사람을 사귀면서 귀천을 따지지 않았
고, 모임의 아속雅俗을 따지지 않으며 뜻이 맞고 흥이 있으면 어디
든 찾아다녔다고 한다. 그래서 그 주변에 모인 사람들도 배경이 다
양했다. 그중에는 홍대용, 박지원, 박윤원 같은 명문가의 자제도
있었고, 원중거, 이덕무, 성대중 같은 서얼도 있었으며, 황윤석이
나 장한철처럼 벼슬 살러 올라온 지방의 지식인도 있었다. 김용겸

과 박학의 울타리 안에서는 조선사회를 옥죄는 편견이 느슨해지고 각자가 자신의 재능을 펼칠 수 있었다.

김용겸과 황윤석의 인생 역정은 달랐다. 그러나 두 사람에게는 박학이라는 공통의 화두가 있었다. 이 화두는 서로 다른 길을 가던 둘을 특별한 인연으로 묶어주었고, 황윤석에게 새로운 세계를 열어주었다.

7장

기성 문학의 권위에 도전한
두 친구

◉

김려와 이옥

강혜선

정조의 문체반정과 패관소품체

　조선을 문헌의 나라로 만든 군주 정조는 스스로 각종 시문을 선발하고 서문을 붙일 정도로 문학에 관심이 깊었다. 정조는 주자의 시선집 『아송雅誦』, 두보의 시선집 『두율분운杜律分韻』, 육유의 시선집 『육율분운陸律分韻』, 『사기』와 『한서』를 선발한 『사기영선史記英選』, 당송팔가唐宋八家의 문장을 선발한 『팔자백선八子百選』 등을 편찬했으며, 이러한 책자들을 보급해 점점 쇠퇴해가는(또는 타락해가는) 당대의 문체를 바로잡고자 했다. "근래 신진新進들의 문체가 매우 가냘프고 경박한 것이 오로지 명청明淸 시대의 괴이한 투식만을 숭상하고 있다."(『홍재전서』 제162권, 「일득록 2」 '문학') "사학邪學은 물리칠 수도 있고 벌줄 수도 있으므로 사람들이 쉽게 볼 수 있지만, 이른바 소품小品이라는 것은 애당초 문묵필연文墨筆硯 사이의 일에 지나지 않는다. 나이가 젊고 식견이 얕으면서 대단찮은 재주를 가진 자들이 평범한 것을 싫어하고 새로운 것을 좋아하여 앞다투어 모방하다가, 차츰차츰 음란한 음악이나 부정한 여색

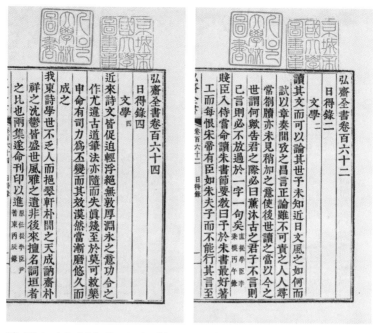

『홍재전서』 제162권, 「일득록 2」 '문학'과 『홍재전서』 제164권, 「일득록 4」 '문학' 부분, 규장각한국학연구원. 정조가 당대의 문체를 비판한 내용이 담겨 있다.

이 사람의 심술을 고혹시키는 것처럼 되어, 그 폐단이 성인聖人을 비난하고 떳떳한 도리를 어기며 인륜을 무시하고 의리에 위배되는 데 이르고야 만다."(『홍재전서』 제164권, 「일득록 4」 '문학') 정조는 이렇게 당대의 문체에 대해 탄식하고 걱정했다.

급기야 정조는 젊은 관료와 유생의 문체를 문제 삼아 처벌을 내리기도 했다. 1787년(정조 11) 노론의 젊은 관료 김조순金祖淳과 이상황李相璜이 예문관에서 숙직하면서 당송 시대의 소설 등을 읽다가 발각되어 책이 불태워진 사건이 있었다. 이때 정조는 경전에 힘쓰고 잡서雜書를 보지 말라며 경계했다. 1792년(정조 16)에는 성균관 유생 이옥李鈺이 응제문應製文에 소설체를 섞어 썼다가 처벌을 받았다. 또 초계문신 남공철南公轍이 대책문對策文에서 '골동骨董'이 라는 패관문자稗官文字를 썼다가 정조의 심한 질책을 받고 자송문 自訟文을 써서 올렸다. 정조의 이러한 일련의 조처와 문체 정책을 일러 '문체를 순정醇正한 고문古文으로 되돌린다'는 뜻에서 문체반 정文體反正이라 부른다.

도대체 소설, 소품, 패관소품체稗官小品體가 어떤 문체이며, 무엇 이 문제였을까? 소설은 달리 설명이 필요 없지만, 소품 또는 패관 소품은 설명이 필요하다. 일반적으로 소품은 명나라 말기 공안파 公安派와 경릉파竟陵派의 독특한 산문과 그로부터 영향을 받은 새 로운 문체를 가리킨다. '짧고 참신'해서 소품이라 하는데, 이들 글 은 이른바 주자학을 바탕으로 한 고문의 문체를 벗어나 있었다. 패관은 소설과 같은 말로 쓰기도 하고, 쓸모없는 자질구레한 항간 의 글을 가리키기도 한다. 이렇게 보면 결국 소설과 소품은 고문이 라는 모범적인 틀을 탈피한 새로운 스타일의 글쓰기를 지칭하는 셈이다.

새로운 글쓰기는 왜 위험한 것일까? 그 이유는 기저에 새로운 사유가 작동하고 있었기 때문이다. 새로운 사유란 바로 자발적으 로 윤리를 실천하는 인간 주체의 가능성을 모색하는 양명학적 사 유로, 윤리적 주제, 진리가 외재하는 것이 아니라 인간의 내부 곧 마음心에 존재한다는 것이며, 진리를 성인의 말씀, 즉 문자 텍스트 인 경전에서 찾지 않고 개아個我의 깨달음에서 찾으려 했다. 이러 한 사유가 이지李贄에 이르면, 모든 진리성의 원천인 경전과 성인 을 회의하게 된다. 결국 새로운 사유로부터 나온 새로운 글쓰기는 인간에게 내재하는 정서, 사유의 자유스러운 유출을 주장하면서 정감과 상상력, 언어적 표현의 자유를 추구했다. 그 결과 문학은 이제 다루지 못하거나 다루지 않는 대상이 없게 되었다.

유배와 충군 벌을 받은 두 친구, 김려와 이옥

문체반정의 시대에 기성 문학의 권위에 도전해 새로운 인식과 감각으로 개성 넘치는 글을 쓴 두 문인이 있었다. 그들은 젊은 날 성균관에서 만나 평생의 친구가 되었다. 한 친구는 서학西學에 연루되어 여러 해 유배를 살았고, 또 한 친구는 소설 문체를 썼다는 이유로 충군充軍되었다.

먼저 서학에 연루되어 유배를 떠난 김려金鑢(1766~1822, 호는 담정藫庭)의 이력을 살펴보자. 김려는 15세에 성균관에 들어가 27세에 진사시에 합격한, 글 잘하는 젊은이였다. 그는 성균관 유생 시절에 평생의 지기인 이옥李鈺과 김조순金祖淳을 만났으며, 또한 유배의 원인을 제공한 친구 강이천姜彝天을 만났다. 1797년 11월 12일 김려는 집에서 동생 김선金鐥과 화로를 끼고 마주 앉아 책을 보고 있다가 체포되었다. 당시 그의 나이 32세였다. 강이천이 친구들과 어울려 서해의 어떤 섬에 진인眞人이 있다는 등 유언비어를 퍼뜨렸다는 이유로 체포되었는데, 김려 또한 그 모임에 참여한 게 빌미가 되었다. 체포된 김려는 함경도 부령富寧으로 유배를 갔고, 1801년 신유사옥辛酉邪獄에 다시 연루되어 진해鎭海로 옮겨져 유배를 살았다. 1806년 마침내 풀려난 김려는 여릉廬陵(고향인 충청도

공주에 있는 곳으로 보이는데 정확한 위치는 미상)에서 살다가 1811년 서울 삼청동으로 옮겨왔다. 1812년 벗 김조순의 도움으로 처음 관직에 나가 연산 현감을 지냈고, 1821년 9월 함양 군수로 재직하던 중 56세로 세상을 떠났다. 해배 후 김려가 힘쓴 일은 자신의 시문은 물론이려니와 벗과 선배들이 남긴 시문을 모으고 정리하는 것이었는데, 그 결실이 『담정총서潭庭叢書』다. 또한 김려는 조선의

『담정유고』, 김려, 규장각한국학연구원.

야담과 야사를 총정리하는 데 만년의 열정을 쏟아부어 『한고관외사寒皐觀外史』『창가루외사倉可樓外史』 등을 편찬했다.

다음으로 시험답안지에 소설체를 썼다고 충군된 이옥(1760~1815)의 이력을 살펴보자. 이옥은 1790년 31세라는 비교적 늦은 나이로 생원시에 합격한 후 성균관에 들어갔다. 그런데 1792년 응제문의 문체가 패관소품체라는 이유로 정조의 견책을 받았으며, 1795년에는 과거시험의 문체가 괴이하다는 지적을 받고 과거 응시를 금지당한 데다 심지어 지방의 군적에 편입되었다. 1796년에는 별시 초시에서 장원을 차지했으나, 역시 문체 문제로 방말榜末에 붙여졌다. 1799년에는 경상도 삼가현(지금의 합천)으로 다시 소환되어, 4개월간 충군되었다. 돌아온 뒤 이옥은 고향인 경기도 남양에 머물면서 여생 동안 글만 쓰면서 지냈다. 「중흥유기重興遊記」

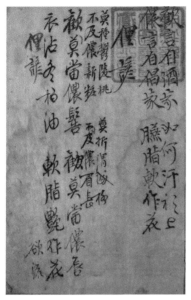

『이언』, 이옥, 국립중앙박물관.

『이언俚諺』 등 이옥의 많은 작품은 친구 김려가『담정총서』에 수록해주지 않았다면 사라져버렸을 것이다. 김려는 "나는 이옥의 시문을 아끼는데, 그 기이한 정사情思는 마치 누에고치가 실을 뽑아내는 듯하고 샘 구멍에서 물이 솟구치는 듯하다" 하였고, 또 이옥의 붓끝에는 혀가 달려 있다고 평가했다.

인정과 시가 있는 유배 일기, 『감담일기』

김려가 부령에서 쓴 후반부 일기는 1801년 다시 서울로 압송될 때 잃어버리고 지금은 일기의 전반부만 전한다. 일기 이름으로 삼

『감담일기』, 김려, 국립문화재연구소.

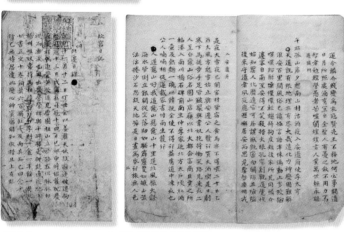

은 감담坎窞은 '험한 지경'이란 뜻이다. 체포된 다음 날 그는 매우 흥미진진한 살인미수 사건을 기록했다. 구류되어 있던 형조의 아문衙門 안 여염집에서 일어난 사건으로, 형조 도사령의 처인 주인 노파가 남편을 잃은 뒤 심부름하던 종과 간통을 하며 지냈는데, 이날 그 종이 술에 취해 장독을 깨부수고 노파의 허벅지를 칼로 찌른 것이다. 자신의 앞날이, 자신의 목숨이 어찌 될지 모르는 상황인데도 김려는 목격한 사건을 생생하게 재현해놓았다. 그런 그였기에, 유배 도중 온갖 고초를 겪고 혹독한 세상인심에 상처 받으면서도 글쓰기를 그만두지 않았다. 그리고 유배지에서 알게 된 새로운 세상과 따뜻한 인정人情에 감동하며 붓을 놓지 않았다.

11월 14일 유배를 떠나던 날 김려는 이렇게 적었다.

처음 돈의문(서대문)을 거쳐서 성안에 들어갔다가 흥인문(동대문)으로 나오는데, 사나운 바람이 세차게 불고 지는 달은 희미했다. 기일이 촉박하여 어서 떠나기를 재촉하는데 차림새는 너무나 초라했다. 행장은 이불 한 채, 반팔 덧저고리 하나, 두루마기 하나, 삼경과 사서 일곱 권, 운서韻書 한 권, 동전 육백 닢, 요강 하나와 비옷이 전부였다. 돌이켜 생각해보면 평생 도리에 어긋나는 행실이 없었는데 갑자기 이런 변을 당하고 나니 몸과 마음이 허공에 떨어진 듯 어찌 해야 할지 몰랐다. 위로는 임종에 가까운 늙은 부모님이 계시고 아래로는 이제 혼사를 치러야 할 동생들이 있는데, 나는 하늘과 땅 한끝에 홀로 떨어져서 헤매게 되었다. 자식이 태어났으나 얼굴조차 보지 못하고, 아버지 병들어 누워 있는데도 소식조차 전할 수가 없다. 용담(선산이 있는 고향)에서 경원(첫 유배지)까지의 거리가 3000여 리라는 것을 생각하니 가슴

이 꽉 막히면서 눈물이 장대비처럼 하염없이 흘러버렸다. 아득한 저 푸른 하늘이여, 어찌하여 내게 이다지도 모질게 구는가!

이렇게 눈물을 흘리며 하인 위서방과 함께 길을 떠난 김려는 11월 20일 한겨울 추위 속에 원산에 도착했다. 이날 김려가 쓴 일기는 다음과 같았다.

이날은 눈이 멎고 바람이 불었다. 안변의 관원들과 함께 길을 떠났다. 사람도 말도 모두 빈속에 소주 한 잔을 사서 마셨을 뿐이다. 날씨가 몹시 추웠다. 말에서 내려 걷자니 손발이 온통 얼어 터졌다. 위서방과 끌어안고서 통곡했다. (…) 낮에 백원산에 이르렀다. 원산은 항간에서 원산점 또는 원산이라 부른다. 지형이 큰 자라 같다고 해서 그렇게 부른다. 원산은 부유한 상인과 거물 상인들이 모여드는 곳으로, 철령 북쪽의 큰 도회지였다. 남천교 돌비석 앞거리에 자리 잡은 남이곤의 집에 들어갔다. 그는 북방의 큰 부호였다. 그가 홍주 한 병을 데우고, 소염통 구이 한 접시와 따끈하게 끓인 국수 한 그릇을 내어놓으며 먹으라고 했다. 그러고는 나를 붙들며 떠나지 못하게 했다. 아마도 내가 가다가 얼어 죽을까 걱정해서인 듯했다. 그러나 관원들이 투덜거리며 떠나자고 재촉하므로, 나는 겨우 집에 부칠 편지 한 장을 써서 남이곤에게 맡기고 길을 떠났다. 남이곤과 헤어지면서 이렇게 시를 읊었다.

고인의 풍모를 지닌 남생이
나그네 모습 보고 깜짝 놀라서,
섬돌 아래로 내려와 인사를 차리고

내 손을 붙들고 들어가 온돌방에 앉히네.

살찌고 연한 소염통 꼬치구이에

향긋한 술이 술잔에 가득.

구리 화로에 숯불을 지피고

더을세라 찰세라 술을 따르네.

은실 같은 새하얀 국숫발에

구슬 같은 붉은 파일.

내게 하는 말이 "추위와 눈이

요즘 들어 더욱 혹심한데

남쪽에서 오신 외로운 손님

보아하니 약골의 선비군요.

두툼한 갖옷이야 없다 쳐도

어찌 무명옷도 이렇게나 얇으시오?

사나이 몸 천금같이 귀중하거늘

잠시라도 귀한 몸 조심하시오.

사람의 목숨이란 경각에 달렸으니

아차 한번 실수로 죽기도 한다오.

올해는 흉년 들어 살림이 가난하여

잡곡밥일망정 정성껏 지었으니

원컨대 그대여 편안히 앉아

이 밤 즐겁게 쉬시오.

세상엔 뜻밖에 당하는 일 흔히 있나니

무엇이든 부탁할 것 내게 말기시오.

(…)

얼어 죽을 고비를 넘기며 원산에 당도했는데, 생면부지의 사람이 유배 죄인을 따뜻하게 맞이했다. 데운 홍주와 소염통 구이 한 접시, 그리고 따끈한 국수 한 그릇으로 자신을 위로하고 격려하는 인정에 감동한 김려는 긴 시로 감사의 마음을 전했다.

11월 22일 새벽, 자신을 호송하던 18세의 관원 신희욱과 헤어지면서는 또 이렇게 적었다. "희욱은 엿과 뜨거운 수제비를 얻어가지고 와서 내놓았다. 대개 다른 관원들은 유배 가는 사람에게 붙어 입고 먹으면서 가는 곳마다 빼앗아내는 통에 길가의 여염집이 소란스러웠다. 오직 희욱만은 스스로 해결하면서 마을에서 술 한 잔 받아먹지 않았다. (…) 헤어질 때 희욱은 내 옷깃을 잡고 눈물을 흘리면서 겨우 하는 말이 '가시는 길에 부디 몸조심하세요' 하였다. 그러고는 제가 가지고 있던 돈 백 닢을 위서방의 주머니에 넣어주면서, '길가 주막에서 술이나 사 자시요' 하였다." 제대로 된 심리도 없이 허술한 정황만으로 결정된 유배형, 그 길에서 김려는 자신과 다른 계층의 사람들이 아무런 사심 없이 내미는 온정을 통해 세상을 새롭게 만나기 시작했다.

「사유악부」, 김려, 한국학중앙연구원 장서각.

부령을 그리워하는 연가, 「사유악부」

유배지 부령에서 김려는 참으로 다정다감하고 의협심 많은 여성, 기생 연희蓮姬를 만나 사랑했다. 진해로 옮겨온 후 그는 "서서도 앉아서도, 걷거나 누워서도 오직 북쪽 생각뿐, 생각할수록 더욱 잊지 못해", 마침내 자신의 방 창문에 '생각하는 창문'이란 뜻의 '사유思牖'라는 편액을 달았다. 그리고 부령을 그리는 연가 「사유악부思牖樂府」를 써내려갔다. 이 시집에는 연희와의 아름다운 추억뿐 아니라, 신분과 남녀노소의 구분을 넘어서 그가 사귄 부령 사람들의 생생한 모습이 파노라마처럼 펼쳐져 있다.

그대 어디를 그리워하나?	問汝何所思
그리운 저 북쪽 바닷가.	所思北海湄
북풍이 휘몰아쳐 골짜기엔 얼음이 가득한데	北風捲地氷滿壑
자리만 한 눈꽃 송이어 차가운 집이 파묻혔네.	雪花如席埋寒閣
빈 침상에 홀로 누웠자니 수심만 많은데	空牀獨臥愁思繁
찢어진 창 문풍지엔 바람이 펄럭펄럭 때리네.	破牕紙糊風打飜
문득 들리네, 또각또각 돌길을 걸어오는 소리	忽聞石逕來剝啄
연희가 눈길을 밟고 와 사립문을 두드리네.	蓮姬踏雪敲柴門
새까만 호리병을 왼손에 들고서	玄漆葫蘆携左手
화로 앞으로 달려가 손수 술을 데우네.	走向爐前親煮酒
거나해져 긴 노래 부르니 귓불이 더욱 훈훈해	酒酣長歌耳更熱
세상에 그 누가 그대만 하랴?	世上何人似君否

이 시는 눈 속에 파묻혀 추위와 수심에 잠 못 드는 겨울밤 따끈하게 술을 데우는 연희의 다정한 모습을 참으로 아름답게 읊었다. 봄날 그녀의 집 우물가에서 앵두를 따 함께 먹은 연희, 유월 유두 깊은 밤 옥폭동에서 달빛을 받으며 머리를 감고 등목을 해준 연

희, 낙엽 쌓인 그녀의 집 뜰에서 도란도란 얘기를 나누다가 손잡고 단풍나무 붉은 뜰을 함께 거닌 연희, 양털 휘장 겹겹이 두른 그녀의 방에서 술 거르고 송이버섯 구워준 연희, 동짓날 자신의 방면을 빌며 먹음직한 팥죽을 끓여온 연희, 해마다 기일에 재계하고 제수를 차려준 연희였다. 이런 연인에 대한 끝없는 그리움이 한 편한 편 시가 되었는데, 이런 연가는 조선의 시인 그 누구도 넘볼 수 없는 세계였다.

정보와 풍물이 어울린 『우해이어보』

김려는 진해에서 어부의 집에 세 들어 살았다. 그는 처음에는 바닷가 풍토에 적응하지 못해 고생했지만, 두 해가 지나면서 어부들과 어울려 바다를 탐험했다. "매일 듣지 못했던 것을 듣고 매일 보지 못했던 것을 보는" 경이로운 세상을 『우해이어보牛海異魚譜』에 담았다. 이 어보가 나오고 11년이 지난 1814년에 정약전의 『현산어보玆山魚譜』가 나왔다. 『우해이어보』는 어류 53항목, 갑각류 8항목, 패류 11항목 등 모두 72항목을 수록했는데, 각 항목에는 명칭, 분포, 종류뿐만 아니라 잡는 방법, 조리법, 유통 과정까지 기록했다. 게다가 김려는 「우산잡곡牛山雜曲」이라는 시로 어촌의 풍물을 유쾌하고 재미있게 읊었다. 그중 한 항목을 읽어보자.

고지鱟鱴는 다리가 24개 달린 고기다. 모습이 절반은 대팔초어大八梢魚나 소팔초어小八梢魚와 비슷하다. 대팔초어는 속칭 문어이고, 소팔초

『우해이어보牛海異魚譜』, 김려, 한국민족문화대백과사전 및 연세대학교 학술정보원.

어는 속칭 낙지다. (…) 토박이들이 문어란 놈을 잡을 때면, 깊은 밤 관솔불을 들고서 해안을 따라가다가 물이 얕고 바위가 많은 곳에 이르러 비추어보면, 문어들이 모두 물밑 돌 위에 앉아서 자고 있다고 한다. 그들 말로는 고지는 부처 같고 문어는 중 같고 낙지는 아사리(어린 중) 같다고 하니, 그 말이 몹시 우습다. 고지는 쇠 작살로 찔러서 잡기 때문에 문어를 잡은 사람들이 이따금 잡기도 한다. 날것으로 먹거나, 조리해 먹거나, 포로 말려 먹거나 모두 맛있다고 한다. 나의 「우산잡곡」에는 "고요한 밤 깊은 골짜기 달빛은 희미한데, 대왕 문어가 이끼 낀 바위에 요란스레 그림자를 흔드네. 마을 처자는 정분난 중인 줄 착각하고서, 황급히 빈 침상에서 내려와 사립문을 여네"라고 했다.

종이창 구멍으로 관찰한 세상,
「저자풍경」

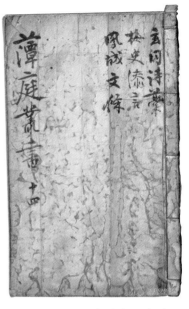

이옥이 삼가에 머물 때 그곳의 풍속을 매우 독특하게 묘사, 서술한 산문들을 수록한 문집이 『봉성문여鳳城文餘』다. 가마 탄 도둑, 엽전을 주조하는 도적, 투전놀이, 골동품 등 다루고 있는 대상만 보더라도 패관소품이라 할 만하다. 그중 창틈으로 관찰한 저잣거리를 묘사한 글「저자풍경市記」의 한 대목을 읽어보기로 하자.

『봉성문여』, 이옥, 한국학중앙연구원 장서각.

내가 머물고 있는 집은 저자와 가까운 곳이다. 매양 2일과 7일이면 저자에서 들려오는 소리가 왁자지껄했다. 저자 북쪽은 곧 내가 거처하는 남쪽 벽 아래인데, 벽은 본래 바라지도 없는 것을 내가 햇빛을 들이기 위해 구멍을 뚫고 종이창을 만들었다. (…) 12월 27일 장날에 나는 무료하기 짝이 없어 종이창 구멍을 통해서 밖을 엿보았다. 때는 금방이라도 눈이 버릴 것 같고 구름 그늘이 짙어 분간할 수 없었으나 대략 정오를 넘기고 있었다. 소와 송아지를 몰고 오는 사람, 소 두 마리를 몰고 오는 사람, 닭을 안고 오는 사람, 문어를 들고 오는 사람, (…) 잎담배를 끼고 오는 사람, 미역을 끌고 오는 사람, (…) 쌀자루를 짊어지고 오는 사람, 곶감을 안고 오는 사람, 대광주리에 무를 담아 오는 사람, (…) 바가지에 두부를 담아 오는 사람, (…) 치마에 물건을 담고 옷섶을 잡고 오는 여자, (…) 방갓에 상복을 입은 사람, 승포와 승립을 한 중, 패랭이를 쓴

「개시開市」, 『조선풍속화보』.

사람 등이 보인다. (…) 행인 중에 술 취한 자가 많아 가다가 엎어지고, 급한 자는 달려갔다. 아직 다 구경을 하지 못했는데, 나무 한 짐을 짊어진 사람이 종이창 밖에서 담장을 정면으로 향한 채 쉬고 있었다. 나 또한 궤 안에 기대어 누웠다. 채모라 저자가 더욱 붐비고 있었다.

군적에 편입되어 꼼짝없이 삼가로 내려가 그곳에서 머물 수밖에 없었던 이옥이 무료한 시간을 보내는 방식은 위에서 보는 것처럼 세상을 자세하게 관찰하고 기록하는 것이었다. 요란한 경세經世 의식이나 위민爲民 의식 따위의 사대부 시각이랑 집어던지고, 종이창 구멍으로 저자를 오가는 온갖 형상의 사람들과 사물을 하나하나 짚어가며 열거했다. 대광주리에 무를 담아 오는 사람, 바가지에 두부를 담아 오는 사람, 치마에 물건을 담고 옷섶을 잡고 오는 여자 등 마치 한 컷 한컷 사진을 찍어놓은 듯한 이 글은 아무런 논평이 없어도 변화하는 향촌의 사회상을 그 어떤 글보다 더 생생하게 간파하고 있다.

잠 못 드는 겨울밤에 쓴 흥미진진한 밤 이야기, 「일곱 가지의 밤」

군역軍役을 지지 않는 사대부 신분으로 충군의 벌을 받은 이옥은 참으로 긴 겨울밤 잠이 오지 않았을 것이다. 그런 밤이면 이옥은 긴 겨울밤을 지새울 만한 흥미진진한 글을 쓰면서 견뎠을 것이다. 제목부터 흥미로운 「일곱 가지의 밤夜七」이란 글의 시작 대목을 읽어보자.

경금자絅錦子(이옥의 호)가 등불 심지가 다되자 잠자리에 들었다. 잠에서 깨어나 아이종을 불러 물었다. "밤이 얼마나 되었느냐?" 아이종이 말했다. "아직 자정이 되지 않았습니다." 도로 자다가 또 잠에서 깨어나 다시 물었다. "밤이 얼마나 되었느냐?" "아직 닭이 울지 않았습니다." 다시 억지로 잤는데, 잠을 이루지 못하고 뒤척뒤척하다가 깨어나 또 물었다. "밤이 얼마나 되었길래 방이 훤하냐?" "달이 지게문에 마주 비추어서입니다." "허참! 겨울밤이 몹시 길구나." "어찌 길겠습니까? 어로신에게만 긴 것입니다." 경금자가 화가 나서 꾸짖어 말했다. "네가 설명할 근거가 있느냐? 그렇지 못하면 매를 들 것이다."

잠자리에 들어 억지로 자보지만 자꾸만 깨고 만다. 그래서 아이종에게 시간이 얼마나 지났는지 또 왜 이리 밤이 더디 흐르는지 자꾸만 묻는다. 그러자 아이종은 짧기만 한 멋진 밤 일곱 가지를 상전에게 들려준다. 일곱 밤 중 하나를 들어보자.

열여섯 살 아리따운 아가씨와 열여덟 살 정다운 낭군이 떨어져 있을 때가 많아 만날 때마다 새로워서, 마음이 가득하고 그리움이 더욱 깊습니다. 이에 비단 옷자락 잡고, 침실 문을 열고, 줄 열매를 먹고, 향초를 태웁니다. 이윽고 허리띠를 풀고, 희디흰 팔을 끌어당기는데, 마음은 자리를 따라 더욱 은밀해지고, 정은 이불과 함께 점점 두터워집니다. 그리하여 몸은 나른하기가 봄과 같고, 정신은 술을 마신 듯 어질어질합니다. 꽃다운 땀이 가늘게 배어나는데, 좋은 꿈은 오래가지 않습니다. 닭이 먼저 울까 염려하고, 비단 창이 여전히 어두운 것을 좋아합니다. 천신이 이러한 정황을 보살펴서 달을 달아서 비춰주지 않기를 바랍니다. 이러한 때를 당한다면 밤이 길다고 하겠습니까?

아이종의 말이라 하기에는 너무나 농염하니, 결국 이옥이 아이종의 입을 빌린 셈이다. 헤어져 있다가 만난 청춘 남녀가 사랑을 나누는 밤을 육감적이면서도 낭만적으로 묘사했으니, 점잖은 이는 눈살을 찌푸리겠지만 이 얼마나 자연스럽고 솔직한 감정인가?

담배 정보와 취향을 한데 모아
정리한 『연경』

이옥의 『연경烟經』은 최
근 발굴되어 널리 알려
진 자료다. 연초 재배
에서부터 담배의 제조 공정과 사용법,
흡연 도구, 즐기는 법에 이르기까지 담배
와 관련된 이런저런 정보와 지식을 한데 모아

놓고, 이옥은 능청맞게 그 이름을 '담배의 경전'이라 했다. 하루라
도 담배가 없으면 안 된다고 말할 정도로 담배를 좋아하고 극찬한
애연가다운 태도다.

『연경』에서 이옥은 '담배가 맛있을 때烟味'를 이렇게 적어놓았다.
"책상에 앉아 글을 읽을 때, 중얼중얼 반나절을 보내노라면 목구
멍이 타고 침도 마르는데, 먹을 만한 것이 없다. 글 읽기를 마치고
화로를 당겨 담배를 비벼 넣고, 천천히 한 대 피우면 달기가 엿과
같다." 또 "대궐 섬돌 아래로 달려가 임금을 모실 때, 엄숙하고도
위엄 있는 가운데 입을 다물고 오래 있노라면 입안이 깔깔하다.
겨우 대궐 문을 빠져나와 황급히 담뱃갑을 찾아 재빨리 한 대 피
우면, 오장이 모두 향기롭다." 담배를 피우지 않는 독자라도 이런
구절을 읽으면 담배 맛을 제법 알 듯하다. 또 이옥은 '담배 피울 때
의 꼴불견烟惡'도 지적했다. "나이 어린 계집종이 부뚜막에 걸터앉
아 안개를 뿜어내듯 담배를 피운다. 통탄할 일이다." "대갓집 말몰
이꾼이 짧지 않은 담뱃대를 가로로 물고 고급 서양 담배를 마음대

「담배 썰기」, 『단원풍속도첩』, 김홍도, 26.6×22.4cm, 조선 후기, 보물 제527호, 국립중앙박물관.

로 피워대는데 손님이 그 앞을 지나가도 잠시도 멈추지 않는다. 곤
장을 칠 만한 일이다." 남녀노소, 신분을 가리지 않고 흡연이 이처
럼 가소로운 장면을 연출할 만큼 당시 유행했으며, 한낱 흡연 같
은 기호, 취향이 공자, 맹자 같은 성현의 말씀 못지않게 누군가에
게는 중요해진 세상이 되었음을 이옥은 유쾌하게 인정했다.

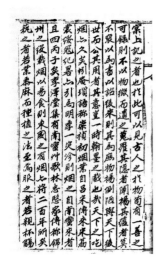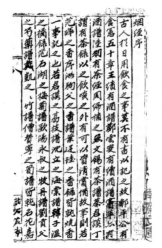

『연경』, 이옥, 영남대 중앙도서관.

조선 여인들의 생생한 목소리, 『이언』

　　파격적인 소재를 가지고 쓴 개성 넘치는 산문 못지않게 이옥이
지은 한시도 남달랐다. 제목의 이언俚諺은 본래 속된 말 또는 속담
을 이르지만 여기서는 조선의 민요라는 뜻이다. 이옥은 조선 여인
의 입이 되어 그녀들의 가식 없는 진정眞情을 66수로 토로했다. 사
랑, 공경, 검소, 부지런함 등을 읊은 아조雅調, 교만하고 사치스러
움, 부박함, 꾸밈(화장) 등을 읊은 염조艶調, 창기娼妓의 일을 읊은
탕조宕調, 여인의 원망을 노래한 비조悱調의 네 부분으로 나누어
마치 조선의 여인으로 살아본 것처럼 생생하게 노래했다. 각각 한
수씩만 소개해본다.

사경에 일어나 머리 빗고　　　　　　　　　四更起梳頭

오경에 시부모께 문안하네.　　　　　　　五更候公姥

장차 친정에 돌아가선　　　　　　　　　誓將歸家後

먹지 않고 한낮까지 잠만 자리.　　　　　不食眠日午

당신은 술집에서 왔다지만　　　　　　　歡言自酒家

나는 창가에서 온 줄 알아요.　　　　　　儂言自娼家

어찌하여 한삼 위에　　　　　　　　　如何汗衫上

연지가 꽃처럼 찍혀 있나요?　　　　　臙脂染作花

상 위엔 탕평채가 쌓여 있고　　　　　　盤堆蕩平菜

자리에 방문주가 흥건하네.　　　　　　席醉方文酒

얼마나 많은 가난한 선비 아내들은　　　幾處貧士妻

누룽지 밥조차 입에 넣지 못하는데.　　鐪飯不入口

시집올 때 입은 옛 다홍치마　　　　　嫁時舊紅裙

두었다가 수의 지으려 했는데　　　　留欲作壽衣

낭군의 투전 빚 갚으려고　　　　　　爲郎投賤債

오늘 아침 울면서 팔고 왔네.　　　　今朝淚賣歸

* * *

　　김려는 친구 이옥의 말을 이렇게 회상했다. "나는 지금 세상의
사람이다. 나는 스스로 나의 시, 나의 글을 지으니, 저 선진양한先

秦兩漢의 문장이 무슨 상관이며, 저 위진魏晉과 삼당三唐의 시가 무슨 상관이랴?" 그렇다. 김려와 이옥은 이렇게 문체반정의 시대에 저항하고 도전하는 글을 썼던 용감한 친구들이었다.

8장

200년 전의 세계인

김정희와 이상적

박철상

왜, 김정희인가?

김정희金正喜를 아는 사람이라면 제일 먼저 떠올리는 게 '추사秋史'라는 단어다. 그리고 추사라는 말을 듣는 순간 함께 떠올리는 게 '추사체秋史體'다. 전통 시대 최고의 예술 장르였던 서예에서 새로운 글씨체를 창안했기 때문이다. 서예가로 이름을 날렸던 신라의 김생도, 조선의 안평대군, 한석봉, 이광사도 그의 앞에서는 빛을 잃는다. 그들의 글씨가 누군가의 서체를 배워 비슷하게 써낸 것이라면, 추사체는 이전에 한 번도 존재한 적이 없었던 전혀 다른 차원의 글씨이기 때문이다. 서예라는 장르에서 우리나라를 대표하는 '국가 대표'인 것이다. 김정희는 또 금석학金石學을 새로운 학문으로 정립시켰다. 뿐만 아니라 「세한도」로 대표되는 문인화 바람을 몰고 왔다. 하지만 우리 선인들은 김정희의 학문적 업적에는 크게 주목하지 않았다. 정작 그의 가치를 알아본 사람은 따로 있었다. 바로 일본인 학자 후지쓰카 지카시藤塚鄰(1879~1948)였다.

후지쓰카는 본래 중국 경학經學 연구가였다. 그런 그가 중국 연

후지쓰카 지카시.

경의 어느 서점에서 조선 박제가朴齊家(1750~1805)의 『정유고략貞
蕤稿略』을 만났다. 그는 생각했다. 어떻게 조선 학자의 문집이 중국
에서 간행되었을까? 그것도 당시 일급 학자의 서문까지 붙여서.
조선을 단순히 주자학의 나라로만 알고 있던 후지쓰카는 충격을
받았다. 그리고 얼마 후 그는 경성제국대학의 교수로 부임했다. 조
선에 온 그는 박제가를 추적하기 시작했다. 그러다 박제가 뒤에 서
있는 더 큰 산 하나를 발견했다. 바로 김정희였다. 이렇게 김정희
를 마주한 후지쓰카는 그의 마력에 이끌려 김정희를 연구하기 시
작했다. 하지만 자료가 부족했다. 연경과 서울, 그리고 김정희의
후손들을 찾아다니며 김정희 연구에 매진했다. 그리고 마침내 그
결과물을 박사학위 논문으로 제출했다. 바로 『청조문화淸朝文化

秋史先生真像月纖

六旬之象學術日版光

生墜趙莊提孫谐高話

演貫百氏而根版九絡

容拍方寸而領擇千載

為大作之靈見對古做

之洋退理值圖起而宝

奎區果介然而不移得

立儒行儀持許實善少

口之洞當泉翻之派

闢美六明學皇而之反

詞林濱傳之續藏光生

青至猶今品之圖美味

道之陞鳴呼先生考

胡月光風粹玉食堂

事於是山海登淡夫何

道之春而遇之名勞仲

尼回不容無後兒君子

己知賢在人雅製社謹述

秋史金公像

「추사 김정희 초상」, 이한철,
비단에 색, 131.5×57.7cm,
보물 547호,
예산 김정희 종손가 소장,
국립중앙박물관 위탁.

동전東傳의 연구』다. 이 책을 통해 후지쓰카는 김정희가 서예가일 뿐만 아니라 고증학을 기반으로 한 청나라 경학經學의 최고 연구자란 사실을 밝혀냈다. 서화가, 금석학자로서의 김정희의 면모에 더하여 경학 대가로서의 그의 모습을 밝혀낸 것이다. 이를 토대로 후지쓰카는 김정희를 청나라 학예를 조선에 전파시킨 최고의 학자로 평가했던 것이다.

김정희는 재능만 있으면 신분을 따지지 않고 가르쳤다. 따라서 그의 주변에는 어느 한 분야에서 뛰어난 재능을 보인 전문가가 수두룩했다. 김정희는 이들을 통해 청나라의 학예를 조선에 전파했다. 김정희가 전파한 학예는 지역성, 특수성이 아닌 국제성, 보편성이라는 특징을 보인다. 이렇게 전파한 학예는 우리 근대성의 발현에 크게 기여했다. 19세기는 현재 우리 문화의 본류가 형성된 시기이자 우리 모습이 배태된 시기다. 그리고 김정희의 학문과 예술은 19세기 조선을 이해하는 관문이다. 결국 김정희를 이해하지 못하면 지금 우리의 모습을 제대로 이해하기 어렵다고 할 수 있다.

연행이란?

연행燕行은 청나라 연경에 사신으로 가는 것을 말한다. 연행이 19세기에 갑자기 등장한 것은 아니다. 중요한 점은 연행이 북학北學과 연결되어 있다는 데 있다. 북학은 곧 청학淸學, 청나라의 문화를 배운다는 의미다. 임진왜란 이후 두 번에 걸친 청나라와의 전쟁은 자연스럽게 청나라를 조선의 적국으로 만들어 청나라=오랑

祖州在海中生

不死草養生

遠徐市求之

市以葉三田臺

女淫海不遠

古蹟望仙虛

門在府城內漢氏造亏

古聖仙虛

田横寨在府城轄信

破齊田横奔

此誌裏古跡

據在

人物淳

于豹劉

罷

其城青
州其星
皇漢武
危分岑
求仙之
地至今
島嶼間
怳若有
羣仙来
遊靈異
之蹟頗
多
山川丹崖
羽山硯翰處
之翠山
慕始皇求仙
之庭
乃石山
奉里欲造橋
渡海観日出

登州府
齋

聞元寺

「조천도」, 종이에 색, 41.0×68.0cm, 18세기 후반, 국립중앙박물관. 사신 일행이 등주부를 지나는 장면이다.

캐라는 등식이 조선 지식인들의 의식을 지배했다. 무력으로 청나라에 무릎을 꿇은 조선은 해마다 청나라에 사신을 보내기는 했지만 진정한 의미에서의 교유라고 보기는 어려웠다. 조선의 지식인들은 그들을 경계했고, 야만족이란 생각을 버리지 않았다. 그러나 건국한 지 얼마 되지 않아 청나라는 이미 예전의 오랑캐가 아니었다. 그들은 동아시아의 새로운 문화강국으로 변모해 있었다. 조선의 지식인들만 그들의 변화된 모습을 애써 외면하고 있을 뿐이었다. 이후 정조가 등장하면서 청나라 문물은 조선 문화의 중심을 조금씩 물들이기 시작했다. 북학의 물결이 밀려들기 시작했기 때문이다. 청나라는 더 이상 배척의 대상이 아니라 배움의 대상이라는 인식이 나타나기 시작한 것이다. 이것은 연행이라는 공식적인 국가 행사를 통해서 나타났고, 사신을 수행했던 젊은 학자들을 통해 그 세력은 점차 커지기 시작했다. 박제가의 『북학의北學議』는 이 시기에 등장한 것으로 청조 문물의 적극적인 수용을 통해 조선 사회에 내재된 수많은 문제점을 혁파해보자는 주장을 담은 책이다. 박제가와 함께 정조가 세운 규장각의 검서관으로 함께 근무했던 유득공柳得恭(1748~1807)이 『중주십일가시선中州十一家詩選』에 붙인 서문(1777)에는 당시 젊은 지식인들의 인식이 잘 나타나 있다.

우리 조선의 여러 어른은 귀를 기울이고 있으면서도 듣지 못하다가 여러 세대가 지난 후 그들의 문집이 출판되어 우리나라에 건너온 다음에야 비로소 어느 시대에 어떤 사람이 있었다는 것을 안다. 이는 큰 도시에서는 파일이 익어가는데 시골 촌구석에 앉아서 기다리다가 때가 늦어버린 것과 같은 것이다. 내가 뜻이 맞는 몇몇 사람과 이런저런 얘기를 하다가 여기에 이르러 크게 탄식했다. 그러다가 진유숭陳維崧 (1625~1682)의 『협연집篋衍集』과 심덕잠沈德潛(1673~1769)의 『국조시별재國朝詩別裁』를 읽고는 중국 인문의 융성함을 더욱 깨닫게 되었다. 그러나 나보다 먼저 살지도 않았고 내 뒤에 태어난 사람도 아닌 나와 같은 시대에 사는 사람이 누구인지를 알지 못했다.

조선의 지식인들은 책을 통해서만 중국의 지식인들을 만나왔다. 동시대를 살면서도 그들의 존재를 의식하지 않았기 때문이다. 그런데 이상한 것은 저자가 살아 있는데도 그 사람을 만날 생각조차 하지 않다가, 저자가 죽은 지 한참이 지난 후 그의 저술이 출판되어 조선으로 수입되면 그제야 그 사람의 저술이 훌륭하다며 야단법석이라는 것이다. 어째서 살아 있는 지식인은 만날 생각도 하지 않다가 죽은 책 속의 글을 보며 저 난리를 피운단 말인가. 참으로 한심하다는 말이다. 이제 조선의 젊은 지식인들은 이미 죽은 책 속의 인물들이 아니라, 살아 있는 저자들을 만나고 싶어했다. 직접 만나서 그들의 생각을 확인하고 싶었던 것이다. 북학이 확산되면서 조선의 지식인들은 청나라 지식인들을 준거집단準據集團으로 인식하기 시작했다. 북학은 이미 시대적 흐름으로 자리잡아가고 있었다. 상당수의 조선 지식인들은 '북학에 동조하고 있었고, 청조 지식인들의 생활 방식을 따라 하고 있었다. 김정희는 바로 그 북학을 집대성한 인물이라 할 수 있다.

김정희의 연행

　김정희의 학문과 예술은 젊은 시절 청나라 유학을 통해 그 기틀이 마련되었다. 특히 옹방강翁方綱(1733~1818)이란 대가와의 만남은 김정희의 일생을 결정지었다. 한 번의 만남이었지만, 그 충격은 강렬했고 영향은 오래갔다. 1809년 10월 28일, 김정희는 청나라에 사신으로 가는 부친 김노경金魯敬(1766~1837)을 따라나섰다.(김정희는 과거시험 합격자 발표가 나지 않아 11월 초에 따로 출발했다.) 김정희는 오래전부터 옹방강을 만날 준비를 하고 있었다. 옹방강에 관한 정보라면 뭐든지 모으고 연구했다. 박제가를 비롯한 북학파 문인들을 통해 이미 청나라 문사들에 대한 많은 정보를 가지고 있던 김정희는 그해 12월 24일 연경에 도착했다. 그리고 조강曹江, 서송徐松, 주학년朱鶴年, 이임송李林松 등과 만나 어울리며 청나라 문화를 체험했다. 하지만 귀국할 날이 얼마 남지 않았는데도 그토록 만나고 싶었던 옹방강은 만날 길이 없었다. 78세의 노인이었던 옹방강은 매년 정월이 되면 문을 걸어 닫고 바깥출입을 하지 않았다. 낯선 손님도 잘 만나지 않았다. 옹방강을 만나기 위해 10년을 넘게 준비해온 김정희는 포기할 수 없었다. 모든 인맥을 동원하며 동분서주했다. 그 노력은 귀국을 며칠 앞둔 1월 말경이 되어서야 결실을 맺었다. 옹방강은 송나라의 유명한 문인이었던 소동파蘇東坡에 관한 중국 최고의 연구가이자 컬렉터였다. 그래서 서재 이름도 소동파의 이름을 따서 소재蘇齋 또는 보소재寶蘇齋라 했다. 소재를 방문한 김정희가 제일 먼저 본 것도「파옹입극상坡翁笠屐像」이었다. 나막신을 신고 삿갓을 쓰고 있는 소동파의 모습을

「연경 가는 조운경을 보내며
送曺雲卿入燕」, 김정희, 종이에 먹,
118.1×30.0cm, 1811,
국립중앙박물관.
추사의 동갑내기 친구 조용진이
부친을 따라 연경에
자제군관으로 갈 때
추사가 써준 글이다.
옹방강에게 심취해 있던 터라
필법도 옹방강체를 그대로
따르고 있다.

「화품일칙畵品一則」,
옹방강, 연대미상,
173.0×47.0cm, 과천시.
옹방강의 글씨로 내용은
그림에 대한 품평이며,
옹방강 사후 그의 제자들이
이재 권돈인에게 선물한 것이
아닌가 추측되는데,
'이재彝齋'라는 소장인이
참고가 된다.

그린 그림이었다. 옹방강은 자신이 평생 수집한 귀하고 귀한 자료들을 모두 보여주었다. 또한 옹방강으로부터 경학에 관한 여러 가르침을 직접 받기까지 했다. 그날 김정희의 감동은 손성연孫星衍의 한 제자와 나눈 필담에 고스란히 남아 있다.

"젊은 분의 이름과 호, 그리고 관직이 어떻게 됩니까?"

"제 이름은 정희正喜, 자는 추사秋史, 호는 보담재寶覃齋입니다. 지난 10월에 진사進士가 되었습니다."

"선생은 옹담계翁覃溪를 아십니까?"

"저는 이번 여행에서 담계를 뵙고 소재蘇齋를 방문하여 소동파의 초상을 알현하고 돌아왔습니다. 저는 이 어른과 좋은 인연이 많이 있습니다. 10년 전 꿈에서 이 어른을 뵙고, 이번 여행에서 만나뵈었는데 과연 꿈속의 그분이었습니다. 게다가 이 어른의 글씨를 많이 소장하고 있습니다. 그래서 제 서재에 '보담재'란 편액을 걸었습니다. 마치 이 어른이 보소재寶蘇齋라 한 것과 같습니다."

"아주 특이한 일이군요. 문인들이 어린 나이에 출중한 데에는 그 내력이 있나봅니다."

"저는 독서를 아주 좋아하는데, 경설經說에 더욱 마음을 쓰고 있습니다. 이번 여행에서 완운대阮雲臺(완원을 가리킴) 선생과 옹담계 선생을 만나뵈어 어리석음을 깨우치니 답답함이 사라졌습니다. 그러나 돌아갈 일정이 촉박하여 그 깊은 뜻을 모두 알 수 없으니 참으로 안타깝습니다."

김정희는 옹방강을 만나기 위해 많은 준비를 했다. 자신의 당호

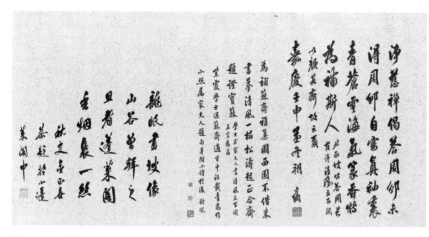

「제시題詩」, 옹방강·옹수곤·김정희, 종이에 먹, 53.0×95.0cm, 1812, 간송미술관. 1812년 자하가 추사의 심부름으로 옹방강을 찾아갔다가 왕여한으로부터 「자하소조紫霞小照」라는 초상을 받았는데, 이에 대하여 (차례로) 옹방강, 옹수곤, 김정희의 제화시가 뒷붙여진 것이다.

를 '옹방강을 존경한다'는 의미로 '보담재'라 하고, 자신의 자를 '추사'라 소개한 것도 그 때문이었다. 김정희는 옹방강의 책과 글씨를 한방 가득히 쌓아놓고, 그 방의 이름을 '보담재'라 했는데, '담覃'은 옹방강의 별호 '담계覃溪'를 가리키며 '보담寶覃'은 옹방강을 존경한다는 의미였다. 또 옹방강의 친구 강덕량江德量의 호가 '추사秋史'인 것을 알고 자신의 자를 '추사'라 했던 것이다. 자신을 존경한다며 '보담재'란 당호를 사용하고, 자신의 친구와 같은 호를 쓴다는 이 25세 된 조선의 젊은이를 옹방강이 어찌 좋아하지 않을 수 있었겠는가? 연경에 머문 기간이 두 달도 되지 않았지만, 김정희 일생에서는 가장 중요한 시간이었다. 이때 시작된 청나라 문사들과의 교유는 이후 김정희를 북학의 종장宗匠으로 성장시켰던 것이다. 연경에 머무르는 동안 김정희는 자신의 일생을 결정짓는 두 사람의 스

『경학사선생상經學四先生象』, 완원 발, 25.4×20.1cm, 1824, 개인. 청나라 후기의 대학자 완원이 목제 책뚜껑에 '경학 사선생상'이라고 제첨한 책의 본문. 청대의 경학을 대표하는 사가四家의 소상小像이 담겨 있다.

승을 만났다. 바로 옹방강과 완원阮元이다. 이들은 청나라에서도 손꼽히던 명사였다. 김정희는 이들과의 만남을 통해 그동안 준비해두었던 모든 것을 묻고 또 물으며 스승으로 모시게 된다. 그뿐만 아니라, 두 사람 다 수많은 서적과 진귀한 서화, 금석문을 소장하고 있었기에 그것들을 마음껏 감상하고 안목을 넓힐 수 있었다. 김정희에게 이보다 더 큰 행운은 없었다. 연경에 머문 2개월 동안 김정희는 자신이 평생 공부해야 할 학문의 가장자리를 경험했던 것이다. 귀국 후에도 김정희는 끊임없이 편지로 가르침을 청했다. 특히 옹방강은 김정희의 편지를 받을 때마다 조목조목 학문적 갈등을 풀어주었다. 두 사람은 북학의 가이드였던 셈이다.

「세한도」와 이상적

　　김정희는 1810년 부친을 따라 연경에 다녀온 뒤로 북학의 상징
이 되었다. 그러나 김정희가 45세 되던 1830년에는 부친 김노경이
전라도 강진현 고금도에 유배되었고, 그로부터 10년이 지난 1840
년에는 그 자신마저 제주도 유배객의 신세가 되고 말았다. 모두가
정치적 투쟁 속에서 빚어진 일들이었다. 평생 고생이란 걸 모르고
살았던 김정희에게 제주도의 유배생활은 견디기 힘든 일이었다.
설상가상으로 유배 중인 그에게 커다란 사건 두 가지가 일어났다.
가장 친한 친구 김유근金逌根(1785~1840)이 사망했고, 사랑하는
아내와도 영원히 이별하고 말았던 것이다. 반대파들의 박해도 끊
이지 않았다. 서울의 친구들과도 소식이 점차 끊겼다. 젊은 시절

「서간」, 김노경, 25.3×5.4cm, 1831년 10월 10일, 국립나주박물관. 강진현 고금도에 위리안치되었던
김노경이 며느리에게 보낸 답장이다.

그렇게도 친하게 지냈던 친구들마저 소식 한 통 전해오지 않았다. 그런 상황에서 김정희가 의지할 수 있는 것은 책뿐이었다. 김정희의 제자 이상적李尙迪은 그런 김정희의 심정을 누구보다 잘 이해하고 있었다. 통역관이었던 이상적은 연경에 사신으로 갈 때마다 최신 서적들을 구해다 김정희에게 보내주었다. 그것들은 모두 쉽게 구할 수 없는 책이었다. 김정희에게 그런 낙이라도 없었다면, 그 긴 고통의 세월을 견디기 어려웠을 것이다.

그러다 한번은 이상적이 『경세문편經世文編』을 보내주었다. 그것은 아주 귀하고 구하기 어려운 책이었다. 어렵게 구한 책을 권력이 있는 사람에게 바쳤다면 출세가 보장되었을 텐데, 이상적은 바다 멀리 유배되어 아무 힘도 없는 김정희에게 보내주었다. 그 책을 받은 김정희는 가슴 깊은 곳에서 밀려 올라오는 뭉클한 감정에 눈물을 짓고 말았다. 유배 가기 전이나 유배 간 뒤나 한결같이 자신을

「죽영대근祝英臺近」, 이상적, 31.5×74.0cm, 연대미상, 파천시. 이상적이 송나라 신기질의 사詞「죽영대근」을 쓴 것이다.

「이상적 초상」, 『은송당속집』, 오준, 1859.

대하고 있는 이상적의 행동을 보면서 김정희는 문득 『논어』의 한 구절을 떠올렸다. 「자한子罕」편의 '겨울이 되어서야 소나무와 잣나무가 시들지 않는다는 사실을 알게 된다'는 의미를 지닌 '세한연후지송백지후조歲寒然後知松柏之後凋'라는 구절이었다. 공자께서는 겨울이 되어서야 소나무나 잣나무가 시들지 않는다는 사실을 느꼈듯이, 김정희 자신도 어려운 지경을 만나고 나서야 진정한 친구의 의미를 알게 되었던 것이다. 김정희는 이상적이야말로 공자가 인정했던 송백松柏과 같은 사람임을 깨달았던 것이다. 무언가 선물을 하고 싶었지만 바다 멀리 유배된 신세에 할 수 있는 것은 아무것도 없었다. 이상적의 뒤를 봐줄 수도 없었고, 그에게 돈으로 보답할 수도 없는 일이었다. 할 수 있는 일이라곤 자신의 마음을 전하는 것뿐이었다.

그때 김정희가 떠올린 것은 소동파의 「언송도偃松圖」였다. 소동파가 혜주惠州로 유배되었을 때의 일이다. 어느 날 소동파의 어린 아들이 그 먼 곳까지 찾아왔다. 부친을 위로하기 위해서였던 것이다. 어린 아들이 궁벽진 시골까지 찾아온 게 몹시 반가웠던 소동

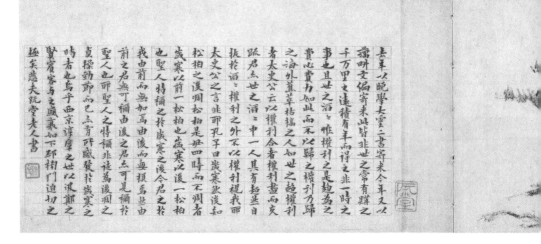

「세한도」, 김정희, 1844, 국립중앙박물관.

파는 그 아들을 위해 「언송도」라는 그림 한 폭을 그렸다. 이상적이 보내준 책을 받아든 김정희는 소동파를 생각했다. 혜주로 유배되었던 소동파의 상황과 제주도로 유배된 자신의 상황이 비슷했다. 소동파를 위로하기 위해 멀리 찾아온 어린 아들의 마음이나 멀리서 어렵게 책을 구해다 자신에게 보내준 이상적의 의리나 비슷했다. 소동파가 「언송도」를 그렸듯이, 김정희는 자신만의 「언송도」를 그리기로 했다. 붓을 든 김정희는 자신의 처지와 이상적의 의리를 비유한 그림을 그려나갔다. 창문 하나 그려진 조그만 집 하나, 앙상한 고목의 가지에 듬성듬성 잎을 매달고 그 집에 비스듬히 기댄 소나무 하나, 그리고 잣나무 몇 그루를 그렸다. 눈이 내린 흔적도 없지만 바라보기만 해도 한기가 느껴질 정도로 쓸쓸하고 썰렁했다. 김정희는 또 다른 종이 위에 칸을 치고 글씨를 써내려갔다. 이

상적의 의리와 절개를 칭찬하며 겨울에도 늘 푸른 소나무와 잣나무에 비유하는 내용이었다. 자신의 심정을 이상적에게 알리고 싶었다. 고맙네. 우선藕船!

200년 전의 세계인

이렇게 그려진 「세한도」는 이상적에게 전달되었고, 이상적은 연경으로 사신 가는 길에 이것을 가지고 갔다. 「세한도」를 본 이상적의 중국 친구들은 앞다투어 이상적의 의리에 감동하며 김정희의 처지를 안타까워하는 글을 지어주었다. 이후 「세한도」는 이상적의 제자 김병선, 김병선의 아들 김준학을 거쳐 추사 김정희에 관한

「조산루상월도船山樓觴月圖」, 유숙, 종이에 먹, 52.5×184.5cm, 1870, 간송미술관. 이상적의 옛 거처인 조산루의 풍경. 아들 이용림이 부친의 옛 거처에 동인들을 초대해 아회를 갖는 모습이다.

최고의 연구자였던 후지쓰카 지카시에게 전해졌다. 그리고 후지쓰카는 제2차 세계대전이 끝나갈 무렵 「세한도」를 가지고 일본으로 돌아갔다. 이 소식을 전해 들은 손재형은 후지쓰카에게서 「세한도」를 구하여 국내로 돌아왔다.

「세한도」에 담겨 있는 표면적인 의미는 이상적의 의리에 감동한 김정희의 마음을 형상화한 것이다. 김정희를 감동시킨 그 의리와 절개는 조선 지식인의 핏속에 면면이 이어져온 조선 사람의 의리이자 절개였다. 김정희는 그것을 누구나 느낄 수 있는 보편적인 감정으로 변환시켜 「세한도」에 담아냈던 것이다. 「세한도」에는 초묵법焦墨法, 적묵법積墨法이 사용되었다. 이것은 원나라 때 대가들이 사용한 먹 쓰는 법이었지만, 청나라에는 그 비법을 아는 사람이 없었다. 김정희는 30년간의 연구 끝에 이를 터득했다. 제주에 유배되기 직전의 일로, 김정희는 「세한도」에 이 기법을 적용했던 것이다. 그런 면에서 「세한도」는 단순한 그림이 아니라 고증학의 정점에서 이룬 성과였다. 그렇게 김정희의 마음은 초묵법과 적묵법을 통해 「세한도」에 담겼고, 이를 본 청나라의 지식인들은 누구보다 더 김정희의 마음을 느꼈던 것이다. 이는 곧 「세한도」에 담긴 미감이 보편성을 확보했다는 걸 의미한다. 「세한도」는 그 스토리에서부터 그림을 그리는 기법에 이르기까지 철저히 고증학에 기반을 두고 있다. 그것은 바로 김정희의 학문의 힘이 이루어낸 성과인 것이다. 「세한도」의 위대함은 여기에 있다.

척암椒闇(김정희의 별호) 선생께서 세상 떠난 일을 차마 말로 하겠습니까? 돌아가시기 하루 전날 과천果川의 댁으로 찾아뵈었는데, 정신은 또렷하였고 손수 시표時表를 정하고 계셨습니다. 의사가 '맥이 끊어진 지 벌써 사흘이 되었다'고 했지만 부채에 글씨를 쓰셨는데 글자의 획은 예전과 같았습니다. 맥이 끊어졌는데도 글씨를 썼다는 이야기는 옛날에도 들어보지 못했습니다. 이제는 돌아가시고 말았으니 다시는 말할 수 없게 되었습니다. 다시 생각해보면 우리에게는 다행이었습니다. 척암 선생과 한세상을 함께하면서 서화로 인정을 받은 지 50여 년이 되었으니 말입니다. 우리 뒤에 태어난 사람들은 틀림없이 공公을 만나 뵙지 못한 것을 한스럽게 여길 것입니다. 지금부터는 의문을 물어볼 곳이 없게 되었으니 마치 돌아갈 곳이 없는 것과 같습니다. 공의 뒤에 죽는 사람 또한 틀림없이 크게 한스러워할 것입니다.

김정희가 돌아간 뒤 제자 우봉又峰 조희룡趙熙龍(1789~1866)이 소치小癡 허련許鍊(1809~1892)에게 보낸 편지의 일부다. 50년 넘게 김정희를 따르며 공부했던 조희룡의 심사가 절절이 배어난다. 맥이 끊긴 지 사흘이 지났는데도 부채에 글씨를 쓰고 있는 추사의 모습이 감동스럽기도 하지만, 이제는 의문이 생겨도 물어볼 곳 없는 제자들은 자신들이 고아나 다름없다고 여기며 통곡했던 것이다. 그리고 자신들보다 뒤에 태어난 사람들이 공을 만나지 못한 것을 한스럽게 여길 것이란 대목에 이르러서는 아쉬움과 탄식이 절로 나온다.

추사를 단순히 김정희라는 개인의 호로만 인식해서는 안 된다. 추사는 19세기 조선을 이해하는 키워드다. 김정희를 통해 19세기의 학문과 예술을 엿볼 수 있기 때문이다. 김정희의 글씨와 그림뿐만 아니라, 그의 학문도 조선 역사에서는 한 번도 존재한 적이 없

「고사소요高士小搖」, 김정희, 종이에 먹, 24.9×29.7cm, 1844, 간송미술관. 「서원교필결후書員嶠筆訣後」의 추사 서첩 맨 뒷면에 붙어 있는 추사의 그림이다. 엉성하고 쓸쓸한 나무숲을 외로운 선비가 뒷짐 지고 홀로 걷는 내용으로, 추사 자신의 모습일 것으로 추측된다.

는 전혀 새로운 것이었다. 그런 까닭에 그의 학문과 예술세계를 이해하기 위해서는 전혀 다른 차원의 언어와 지식, 그리고 사유의 틀이 요구된다. 그런 면에서 김정희는 위대한 '창조적 인간'이다. 과거 역사에 대한 끊임없는 탐구와 해석, 그리고 그 과정에서 얻은 정수를 되살리는 데 일생을 바쳤기 때문이다. 특히 외래 문화를 김정희처럼 창조적으로 해석하고 우리의 정신을 담아낸 인물을 우리 역사에서는 쉽게 찾아볼 수 없다. 김정희의 그런 시대정신은 지금도 여전히 필요하고, 우리 역사가 존재하는 한 영원히 유효할 것이다. 그리고 그의 옆에는 늘 '이상적'이란 인물이 있었음을 기억해야 한다. 그가 없었다면 김정희의 그 많은 정보는 어디서 구했을 것이며, 「세한도」 또한 어찌 탄생했을까?

9장

대한제국기 항일 언론을
함께 한 자강의 동지

박은식과 장지연

노관범

동지적 관계

우리 옛말에 '지동도합志同道合'이 있다. 글자 그대로 뜻이 같고 도가 합하는 사이를 이른다. 인생의 동반자로서는 최상의 경지를 표현하는 말이다. 이는 임금과 신하의 관계에서도 생각할 수 있고 신하와 신하의 관계에서도 생각할 수 있다. 조선 전기의 성리학자 이이는 「동호문답東湖問答」에서 촉한의 임금 유비와 그의 신하 제갈량을 역대 최상의 군신으로 보았다. 조선 후기의 성리학자 이희조는 『동현주의東賢奏議』에서 선조 때의 두 성리학자 이이와 성혼을 '동심동덕同心同德'의 최상의 유현儒賢으로 보았다. '동지同志'는 '지동도합'의 세속적 버전이다. 뜻이 같고 도가 합하는 사이라는 전통적 관념이 지속되었기에 동지가 출현할 수 있었다. 근대의 동지는 민족운동이나 사회운동에서 곧잘 호칭되던 말이었다.

우리나라 근대 초기에 동지적 관계를 맺고 민족운동에 투신했던 인물은 적지 않았다. 이 글에서 살펴볼 박은식과 장지연도 그러한 역사 속 동반자에 속한다고 볼 수 있다. 박은식은 한국 근대

『한국통사』, 박은식, 1917. 1915년 박은식이 중국 상하이에서 처음 펴낸 것을 미주 지역 국민보사에서 재미동포들의 민족의식 고취를 위해 간행한 책.

역사학의 명저 『한국통사』와 『한국독립운동지혈사』를 편찬해서 민족사학을 일으킨 것으로 유명하다. 그래서인지 박은식 하면 떠오르는 조합은 주로 '박은식과 신채호'이지 '박은식과 장지연'은 한국 사회에서 그리 친숙하지 않은 편이다. 하지만 한국 근대 언론사에서 보자면 오히려 후자의 조합이 중요하다. 우선 두 사람은 수많은 신문과 잡지에 간여했다. 박은식은 대한제국기에 『대한매일신보』 『황성신문』 『서우』 『서북학회월보』에서 주필로 활동했고 해외에 망명한 후에도 대한민국 임시정부 기관지 『독립신문』, 그리고 『향강잡지香江雜誌』 『국시보』 『사민보』 『도로월간』 같은 중국 매체를 위해 일했다. 장지연은 대한제국기에 『시사총보』 『황성신문』 『해조신문』 『경남일보』 『조양보』에서 주필로 활동했으며 국가가 망한 후에는 『경남일보』를 퇴사한 뒤 『매일신보』의 객원 기자로 많은 작품을 발표했다.

황현은 『매천야록』에서 박은식의 『대한매일신보』 입사를 기록하고 『대한매일신보』의 박은식과 『황성신문』의 장지연의 문필이 서로 백중했다고 평했다. 박은식과 장지연이 낭시 한국의 민족 언론이라 할 『대한매일신보』와 『황성신문』의 주필을 각각 담당해 서로 백중한 문명을 떨쳤던 시기는 1905년과 1906년 사이의 짧지만

『황성신문』에 실린 장지연의 논설 '시일야방성대곡'.

격동적인 나날이었다. 이 시기에 장지연의 그 유명한 「시일야방성대곡」이 폭발했고 이를 계승하는 박은식의 「시일에 우 방성대곡」이 진동했다. 민족 언론의 주필로서 두 사람은 일본 제국주의의 대한제국 국권 침탈에 공동으로 항거한 동지적 관계였다. 을사늑약 이듬해에 한국에 통감부가 설치되고 일본 초대 통감 이토 히로부미가 내한하자 이에 맞서 한국의 자강을 부르짖는 사회단체 대한자강회가 설립되었는데 이때 두 사람은 대한자강회에서 함께 활동하며 자강 사상을 고취시키는 명논설을 발표했다. 박은식과 장지연은 자강의 시대정신을 공유했던 실천적인 지식인이었다.

서우학회의 기관지였던 『서우』.

교분의 시작

박은식과 장지연이 언제부터 직접적인 교분을 맺었는지는 분명하지 않다. 1904년 박은식이 최초의 저서 『학규신론』을 공간했을 때 장지연은 이 책의 서발문을 쓰지 않았다. 1905년 장지연이 최초의 역서 『애급근세사』를 출간했을 때 박은식은 이 책의 서문을 지었다. 박은식의 서문은 『황성신문』 지면에 「애급사문답」으로도 기고되었다. 마침 이 무렵은 『대한매일신보』 국한문판이 발간되어 박은식이 주필에 초빙된 때였다. 『대한매일신보』의 신임 주필 박은식이 『황성신문』 주필 장지연의 역서에 서문을 쓰고 이를 『황성신문』에 기고한 것은 두 사람의 우의와 두 신문의 협력을 상징하는 사건이었다. 1906년 박은식이 주필로 있던 『서우』가 발간되자 장지연은 축사를 보냈고, 1909년 장지연이 주필로 있던 『경남일보』가 창간되자 박은식이 축사를 보냈다. 같은 해에 박은식이 동지들과 함께 유교를 근대 종교로 개혁해 대동교를 일으키자 장지연도 여기에 참여했다. 이로 보아 두 사람의 직접적인 교분은 1905년부터 1910년 사이에 집중적으로 나타났음을 알 수 있다.

물론 박은식과 장지연은 더 오래전부터 서로를 알고 있었을 것이다. 박은식의 벗 김택영은 곧 장지연의 벗이기도 했다. 황주 선

박은식은 애국계몽 단체인 서북학회에 참여했다. 사진은 서북학회에서 설립한 서북학교 졸업식, 1910년 3월 31일.

비 박은식과 개성 시인 김택영은 마음을 나누는 절친한 벗이었고 고문에 빼어난 문인이었다. 김택영이 이건창의 도움으로 일찍이 서울 사대부들 사이에서 시명을 떨쳤다면 박은식은 이건창의 벗 홍승운을 스승으로 삼아 문장학을 연마했다. 박은식과 김택영은 조선의 박지원과 중국의 귀유광을 문장의 으뜸으로 보는 공통된 문학적 식견이 있었는데, 광무 연간 김택영이 서울 사대부들의 후원을 얻어 박지원의 『연암집』을 공간하는 문학운동을 펼치자 박은식은 『연암집』의 발문을 지었고 간행 성금도 냈다. 박은식은 김택영이 조선시대 개성 명인의 역사 전기 『숭양기구전』(1896)을 짓자 이에 감흥을 받아 서북 지방의 역사 인물 전기를 집필해 『서우』와 『서북학회월보』에 연재했다.

장지연과 김택영의 교분도 두터웠다. 두 사람의 직접적인 인연은 대한제국 초기 한국의 문물제도를 정리하기 위해 설치된 사례소(1897)에서 출발했다. 그 결과물이라 할『증보문헌비고』중에서「지리지」는 전적으로 김택영과 장지연의 노력에 힘입은 것이었다. 장지연은『황성신문』주필이 되자 김택영의 시「안의수승대」「비파강도중」을 신문에 기재하고 이를 제평했다. 김택영의 저술『숭양기구전』을 읽고는 독후감을 지어『황성신문』논설로 발표했으며, 김택영의 도움으로 개성 사람 박유철이 지은『종삼법』을 얻어 인삼 재배 방법을 역시『황성신문』논설에 발표했다. 이런 인연으로 김택영은 후일 장지연에 관한 전을 지었다. 장지연이 김택영과 함께 사례소에서 근무했던 1897년 그해에 박은식은 서울에 와서 김택영을 방문했는데, 김택영을 통해 장지연에 관한 이야기를 충분히 전해 들었을 가능성이 크다. 이 무렵 장지연 역시 김택영을 통해 박은식을 잘 알고 있었을 것으로 생각된다.

세도 가문의 문객

어쩌면 박은식과 장지연은 그보다 더 오래전부터 상대방을 알았을 가능성도 있다. 박은식과 장지연 둘 다 시골 선비 출신이었고, 이들이 대한제국기에 서울에서 활동하며 민족 언론의 필권을 장악한 것 자체가 경이로운 일이었다. 이들이 시골 선비의 평범한 삶을 살지 않고 서울에서 명성을 얻은 것은 전적으로 조선 말기의 세도 가문, 특히 여흥 민씨 고관과의 긴밀한 관계 때문이었다. 박은식은 청년기 두릉시사의 전통이 남아 있는 경기도 광주에서 홍승운에게 문장학을 수학하고 고향에 돌아와 다시 평안도의 유학종장 박문일 문하에 나아가 성리학을 공부했다. 이를 배경으로 평안도 관찰사로 부임하는 여흥 민씨 고관에게 주목받아 벼슬자리에 발탁될 수 있었다. 1888년 민영준의 부임을 배경으로 박은식은 기자를 모시는 숭인전의 참봉이 되었고 평양에서 민영준의 아들 민형식을 가르치는 학구 노릇을 했다. 다시 민병석이 부임하여 박문일 문하의 유림과 협력해 유학을 진흥시키는 정책을 펼칠 때 박은식은 민병석과 박문일을 연결하는 인물로 활동했다. 실상 민병석의 문객이나 다름없는 박은식은 청일전쟁 전야에 서울에 가서 민영준을 만나 정세를 파악하고 현안을 의논했다. 청일전쟁이 발발해 평양 전투에서 청군이 일본군에 대패함에 따라 청군에 협력한 민병석은 강원도 원주로 유배를 갔고 박은식은 민병석과 동행했다. 대한제국 초기 민병석이 정계로 돌아와 의정부 찬정이 되고 나서 거처하는 북장동에 이행루를 세우자 박은식은 이행루에 찾아가 서울에 정착했고 스스로를 '행하거사'라고 칭했다. 그가 1900년 대한제국 학부 관리인 한성사범학교 교관이 된 것은 그의 문명도 있었으나 여흥 민씨 고관의 문객이었기에 가능한 일이었다.

장지연도 여흥 민씨 고관에 힘입어 입신의 길을 만들었다. 그는 장석봉의 문하에서 가학의 기초를 얻고 허훈을 스승으로 삼아 성리학의 연원을 얻었으나 출중한 문장 실력을 바탕으로 과거시험에 도전하고 있었다. 그는 1890년 서울에 체류하여 이듬해 도과에 응시했고 상격에 들어 『규장전운』을 선물 받았는데, 그의 문장 실력을 알아본 민영규가 재동 자택에 초청해 아들 민봉식을 가르치게 했다. 민봉식은 1892년 문과에 합격했고 장지연은 1894년 문과 소과에 합격했다. 장지연은 민영규를 '주대감'으로 모시며 문객생활을 하면서 주로 문장 대작을 도맡아 문명을 떨쳤다. 경복궁 계조당 상량문(1893)을 대신 지은 이도, 고종의 경운궁 환궁 고유문(1897)을 대신 지은 이도, 고종의 대한제국 황제 즉위 하례 표문(1897)을 대신 지은 이도 장지연이었다. 『독립신문』은 1897년 장지연이 벼슬을 얻으려고 민영규의 재동 저택에 체류하고 있음을 비판하는 기사를 실었는데, 실제 민영규의 문인으로 벼슬을 얻기 위해 분투하는 장지연의 모습은 단적으로 1898년 민영규에게 보낸 편지에 잘 나타나 있다. 즉, 자신이 하해와 같은 은혜를 받아 진사가 되고 주사가 되었는데 곤궁한 처지를 생각해 오항구의 감리나 주사 자리를 구해달라고 청탁하는 내용이었다. 장지연은 민영규의 문객으로 활동하며 민영규에게 청탁하는 지방 선비의 편지를 수시로 받아 전하는 위치에 있었다. 때문에 경상도 군위에 사는 장지연의 친척은 장지연에게 편지를 보내며 수신자의 주소를 적지 않고 '재동곡 민판서 댁 가서 물으면 자동 알 것이니 그리하오'라고 썼다.

박은식과 장지연은 스스로의 문장 실력을 바탕으로 여흥 민씨 고관에 의지하여 입신의 길을 걸었다. 박은식은 평양에서 민영준의 아들 민형식을 가르쳤고 다시 민병석의 문객이 되어 민영준을 만나 청일전쟁 전야의 서울을 둘러보았다. 이때 장지연은 서울에서 민영규의 아들 민봉식을 가르쳤고 경복궁 계조당 상량문 같은 글을 대작하며 주대감 민영규를 위해 봉사하고 있었다. 여흥 민씨 고관의 문객으로 두 사람은 서로의 존재에 대하여 이때 이미 알고 있었는지도 모른다. 대한제국 초기에 박은식은 민병석의 저택에 머무르며 벼슬자리를 구하다가 한성사범학교 교관이 되는 행운을 얻었고, 장지연 역시 민영규의 저택에 머무르며 구직활동을 하다가 내부 주사가 되어 사례소에서 활동할 기회를 얻었다. 대한제국 초기 중앙에서 활동하는 지방 출신 하급 관리라는 점, 특히 여흥 민씨 고관에 의지하여 입신을 모색하지 않을 수 없었던 문장가라는 점, 이런 공통점이 박은식과 장지연에게 있었고, 두 사람은 이런 공통점에 이끌려 서로를 잘 알아갔을 것이다.

대한제국의 위기와 자강의식

대한제국 초기의 박은식과 장지연처럼 서울에서 활동하던 지방 출신의 하급 관리는 적지 않았다. 이들은 세도 가문의 정객과 달리 실제 국가 경영의 실권은 없었으나 국가의 앞날을 위한 개혁 의지가 충만했다. 이를테면 박은식의 죽마고우 전병훈은 1899년 만언소萬言疏를 올렸는데, 상소 내용은 대공의 마음으로 인재를 등용해야 한다는 1개 강령과 군병 양성, 기계 제조, 재용 관리, 인재 양성, 언로 개방, 중립국 도모의 6개 항목이었다. 이를 읽은 장지연은 『시사총보』에 상소문을 축약해 연재하면서 이 글이 참으로 '치평의 중요한 길이고 경세의 좋은 방안'이라며 칭찬했다. 상소에는 고을마다 현량과를 설치해 선비를 천거하고 과학학교와 군사학교를 세워 인재를 등용하자는 내용도 있었다. 외국의 하의원의 관례를 참조해 고을마다 인재를 매년 정월 서울에 불러 국사를 논의해서 헌책하도록 하자는 내용도 있었다. 『공법편람』에 보이는 벨기에와 스위스의 중립국 사례를 모델로 삼아 한국의 미래를 설계하자는 내용도 있었다. 이를 통해 박은식과 장지연이 공감하고 있던 대한제국의 국가 개혁의 방향을 짐작할 수 있다. 교육 개혁, 정치 개혁, 외교 개혁이 시급한 과제였던 것이다. 전병훈은 만언소를 올린 후 중추원 의관이 되어 중추원에 이를 다시 헌의했으나 가결되지 못했다. 이 상황에 맞닥뜨려 그는 한국이 곧 외국의 침략을 받아 노예가 될 것이라며 근심했다.

1899년 전병훈의 근심은 기우가 아니었다. 대한제국의 운명은 어느덧 저녁을 향하고 있었다. 일찍이 경상도 밀양에 개창학교를 세워 신교육에 힘쓰고 있던 중추원 의관 손정현은 대한제국의 교육 개혁을 위해 거듭 중추원에 헌의했으나 채택되지 않자 실망한 뒤 낙향해 있었다. 러일전쟁이 발발하기 여섯 달 전 그는 전쟁 발발의 위기 상황을 예감하고 『황성신문』 사장 장지연에게 공개 서한을 보냈다. 그는 한국이 외국의 온갖 수탈과 농락에 무기력하게 당하고만 있으며 곧 아메리카와 아프리카의 원주민처럼 노예가 되고 가축이 될 것이라며 근심했다. 한국 정부는 정신이 몽롱하고 몸이 시들었으며 한국 전체가 기운이 쇠약하고 마음이 죽었다고 비판한 그는 한국이 외세에 빌붙거나 의지하는 습관을 없애고 자치자립의 길을 걸어야 한다고 주장했다. 국정 개혁과 산업 발달을 통해 오늘 진일보하고 내일 진일보하는 자강의 길을 걸어야 한다고 주장했다. 『황성신문』에 실린 손정현의 공개 편지는 임박한 국난을 막아야 한다는 절박한 심리로 가득했다. 이전부터 손정현과 교유관계가 있던 박은식은 손정현에게 편지를 보냈다.

선생은 천하의 일에 대해 근심이 은은股股하고 언론이 간간懇懇한데, 특히 '마음이 죽었고 기운이 쇠약해졌다心死氣弱'는 것이 더욱 오늘날에 들어맞는 문제점입니다. 대개 나라가 나라인 것은 자주의 마음이 있기 때문이요, 자강의 기운이 있기 때문입니다. 따라서 능히 자주자강自主自强해서 다른 나라에 의지하지 않는다면, 나라가 비록 작아도 남에게 굴복하지 않을 것입니다. 벨기에와 스위스 같은 나라가 이렇습니다. 능히 자주자강하지 못해서 다른 나라에 의지하려 한다면 나라가 비록 커도 끝내 남의 속국이 될 것입니다. 인도와 베트남 같은 나라가 이렇습니다. 그러니 병사가 많지 않다고 근심할 것이 아니요 재정이 넉넉하지 않다고 근심할 것이 아니요, 기계가 비축되어 있지 않다고 근심할 것이 아니요 제조업이 왕성하지 않다고 근심할 것이 아닙니다. 오직 인민의 마음이 가라앉아버리고 인민의 기운이 시들어버린 것이 가장 근심스런 일입니다.

박은식은 한국 전체가 기운이 쇠약해지고 마음이 죽었다는 손정현의 진단에 전적으로 동의했다. 대한제국을 선포한 지 6년밖에 지나지 않았는데 국가를 기초하는 인민의 마음이 가라앉고 인민의 기운이 시들어버려 더 이상 국가를 지탱할 수 없는 막다른 상황에 봉착했다는 절망감을 표하고 있었다. 조정의 신하들은 외세에 의지하여 정권 다툼을 벌이고 있는데, 이는 마치 폴란드 국망기의 폴란드 귀족의 내분을 방불케 하는 상황처럼 보였다. 하지만 이런 상황일수록 자강의 정신을 발휘하고 자강의 방책을 추구해

활로를 모색하지 않으면 안 되는 법. 박은식은 계속해서 말했다.

아아! 의리의 회색悔塞이 오래되었습니다. 사욕의 횡류橫流가 극에 달했습니다. 심지어 임금을 잊고 나라를 저버리는 일이 있어도 돌아보지 않을 것입니다. 그 이유를 깊이 생각한다면 '마음이 죽었고 기운이 쇠약해졌다'는 것이 크다 하겠습니다. 참으로 능히 사기를 진작시키고 민지를 개도하여 사람들마다 자주와 자강의 의리를 가슴속에 붙이고 오늘 진일보하고 내일 진일보하여, 하던 대로만 하고 편안히 놀려는 생각이 없게 되고 두려워하고 주저하는 습관이 없게 된다면 자강의 방도가 이로 말미암아 생길 것입니다.

손정현이 장지연에게 편지를 보내고 박은식이 이를 읽고 손정현에게 편지를 보냈던 1903년은 한국 사회에서 자강 담론이 비등해지던 때였다. 외세에 의지하지 말고 스스로의 힘으로 분발하여 오늘 진일보하고 내일 진일보하여 국가의 환난을 구원하자. 여기에는 장지연이 『황성신문』 주필이 되어 쏟아내던 자강의 메시지가 심대하게 작용했다. 『황성신문』 1903년 6월 8일과 9일 이틀 동안 장지연은 긴급하게 전국 인민에게 포고하는 논설을 썼다. 한국은 전토, 산업, 광산, 삼림, 철로 등 제반의 국가 이권을 외국에게 강탈당하는 참담한 상황인 데다 여기에 더해 일본이 경부철로를 중심으로 토지와 가옥을 점유해 삼남을 휩쓸고 있고 러시아가 압록강 연안 지역을 무단으로 조차하고 청나라 비적떼를 동원해 삼림을 수탈하는 상황에서 한국이 양국에 잠식되어 멸망할지도 모른다는 주장이었다. 그는 비장했다. 땅이 없으면 몸이 없는 것이고 나라가 없으면 집이 없는 것이다. 자강으로 단결하여 부모의 나라를 지켜야 하지 않겠는가. 앞서 말한 손정현이 장지연에게 보낸 편지는, 그리고 박은식이 손정현에게 보낸 편지는, 장지연의 국민 포고 논설이 나온 지 두어 달 후의 일이었다. 장지연도 손정현도 박은식도 임박한 재앙을 예상하며 러일전쟁이 일어나기 전에 간절히 대한제국의 자강을 희구하고 있었다.

러일전쟁과 『애급근세사』

1904년 2월 결국 러일전쟁은 일어나고야 말았다. 전쟁의 시작과 함께 일본군이 서울에 진주해 한국 정부가 한일의정서를 강제했다. 한일의정서 제1조는 한국 정부가 일본 정부를 확신하고 시정 개선에 관한 충고를 들으라는 것이었다. 전쟁이 발발하기 직전 대한제국의 고종 황제는 국정을 정부에 위임하겠다는 조서를 내려서 대경장의 여망이 솟았으나 정부는 개혁에 미온적인 상황이었다. 이제 한일의정서 제1조에 의해 한국의 정치 개혁에 일본이 간섭할 수 있는 길이 열렸다. 장지연은 『황성신문』 논설에서 정부가 개혁을 미루다 일본의 충고를 듣게 된 현실을 개탄하며 조속한 개혁의 착수를 촉구했고 한국 정부 스스로 부패한 정치를 쇄신하지 못하면 일본이 태도를 돌연히 바꿔 한국의 국권을 모두 차지해 국치를 당할 것이라고 경고했다. 박은식 역시 한일의정서 제1조의 규정으로 인해 한국에 국망이 들이닥쳤음을 깨달았다. 그는 훗날 『한국통사』와 『한국독립운동지혈사』에서 이 시기의 역사를 기술

하면서 제1조에서 말하는 일본의 충고가 사실 명령을 뜻하기 때문에 이를 계기로 한국은 독립을 잃고 일본의 부용국이 되었다고 기록했다. 한국과 일본의 관계가 이집트와 영국, 베트남과 프랑스의 관계처럼 변했다고 서술했다. 여섯 달 후에는 다시 한일협정이 체결되어 한국 정부의 시정 개선을 목적으로 외국인 고문을 설치함으로써 이른바 고문 정치가 시작됐다.

1905년 8월 포츠머스 조약이 체결되면서 러일전쟁은 종결되었다. 전쟁 기간에 한국은 일본에 국권을 침탈당했지만 공식적으로는 독립국의 국격을 유지하고 있었다. 이제 전쟁의 종결은 한국이 영국의 이집트, 프랑스의 베트남과 같은 존재로 운명이 변화할 날이 얼마 남지 않았음을 암시하는 것이었다. 이러한 상황에서 19세기 이집트의 비극적인 역사를 담은 『애급근세사』가 황성신문사에서 발간되었다. 『황성신문』 주필 장지연이 역술하고 『대한매일신보』 주필 박은식이 서문을 지은 『애급근세사』는 불원간 찾아올 한국의 새로운 운명을 이집트에서 통찰하도록 돕는 책이었다. 이집트는 어떤 나라인가? 『애급근세사』가 나오기 전에도 한국 사회에는 최한기의 『지구전요』와 헐버트의 『사민필지』를 통해 이집트에 관한 기초 지식이 축적되어 있었다. 곧 무함마드 알리가 오스만 터키로부터 독립한 일이나 수에즈 운하가 건설된 일 같은 단편적인 지식이었다. 그러나 19세기 이집트 역사의 파노라마가 체계적으로 펼쳐진 것은 『애급근세사』가 처음이었다. 박은식의 서문은 책의 내용을 적절히 요약했다. 19세기 이집트는 프랑스의 나폴레옹과 미국의 워싱턴을 합한 영웅 무함마드 알리가 출현하여 문명국 수립의 사명을 불태웠지만 유럽의 간섭으로 완수되지는 못했다. 유럽에 유학한 이스마일이 왕위에 올라 유럽을 모방하는 정책을 추진하면서 막대한 외채를 쌓았고, 결국 이집트 정부의 재정 정리를 빙자해 수많은 외국인 고문관이 들어와 이집트 국정을 전횡하고 국권을 탈취했다. 이 과정에서 유럽인에 의해 이집트 국왕이 폐위되는 사태가 일어나 공분이 폭발하여 천하의 의사 아라비가 지도하는 국민당 운동이 들불처럼 번져나갔다. 『애급근세사』가 전하는 이집트 최근사의 메시지는 명확했다. 한국은 제2의 이집트가 아닌가?

을사늑약과 항일 언론 투쟁

『애급근세사』가 출간된 지 두어 달이 지나 한일 간의 새로운 조약이 강제되었다. 1905년 11월 17일 일본군이 무력으로 경운궁을 포위한 가운데 일본 대사 이토 히로부미가 경운궁 중명전에서 한국 정부의 대신들을 만나 한국의 외교권을 일본이 위탁 관리하는 새로운 조약을 강제로 받아냈다. 을사늑약의 충격은 을사오적 규탄 운동과 을사늑약 폐기 운동으로 이어졌다. 장지연이 11월 20일 『황성신문』에 발표한 논설 「시일야방성대곡」이 항일 여론에 불을 질렀다. 논설은 강경했다. '4000리 강토와 500년 종사를 타인에게 봉헌하고 2000만 생령을 타인의 노예로 몰아넣은 개돼지만도 못한' 한국의 대신들을 규탄했다. '우리 2000만 남의 노예가 된 동포여, 살았는가 죽었는가? 단기 이래 4000년 국민 정신이 하룻밤 사이에 졸지에 멸망해버렸는가?'라고 외치며 비통해했다. 논설은

이토 히로부미.

'통재통재, 동포동포'를 부르짖으며 끝마쳤다. 당시의 상황을 박은식은 『한국독립운동지혈사』에서 아래와 같이 기록했다.

이에 『황성신문』에서 늑약이 체결된 진상을 직서하여 널리 유포하고 다시 「시일야방성대곡是日也放聲大哭」이라는 논설을 게재해 국민에게 슬프게 고하니 사장 장지연이 체포되어 경무청에 수감되고 신문사는 폐쇄되었다. 해는 서산에 떨어져 삼라만상이 흑암 중에 있는데 『대한매일신보』가 홀연 빛을 냈으니 즉 양기탁梁起鐸이 영국인 베델과 창간한 것이다. 나는 신문 편집을 담당했는데 늑약 체결 전말을 상세히 기재해 이등박문伊藤博文을 공격하니 여론의 분노가 격발하고 독자들의 피가 끓어올랐다. 학생은 교문을 닫고 통곡하고 교도는 하늘을 우러러 슬피 울며 상인은 가게를 닫고 미친 듯 부르짖고 유생은 상소를 올려 대궐에서 외치는데, 원로대신이 항거하여 다툰 지 며칠 지나자 일본인이 무기로 협박하고 구금하여 욕보였다. 이에 시종무관장 민영환閔泳煥이 칼을 뽑아 자결하고 원임 의정대신 조병세趙秉世, 경연관 송병선宋秉璿, 참판 홍만식洪萬植, 학부주사 이상철李相哲, 군인 김봉학金奉學이 모두 약을 마시고 자결하니 독립을 위해 순국한 것이다.

장지연이 수감되고 『황성신문』이 폐쇄되자 박은식과 『대한매일신보』가 투쟁의 바통을 넘겨받았다. 박은식은 『황성신문』에 게재

영국 『트리뷴』 지가 보도한 고종 황제의 을사늑약 무효 선언과 이를 인용 보도한 『대한매일신보』.

된 을사늑약의 전말에 관한 기사를 입수해서 11월 22일부터 25일까지 연재했고, 11월 27일에는 최종적으로 이 사건의 전말을 정리하여 호외 기사로 내보내 을사늑약의 부당함을 포고했다. 호외 기사는 한문과 영문의 두 가지 언어를 취했는데, 한문 기사는 11월 10일 이토 히로부미의 서울 도착에서부터 11월 18일 오전 1시 일본군의 해산에 이르기까지 늑약 체결 과정을 적었고, 영문 기사는 'THE MAKING OF A TREATY AND THE PASSING OF AN EMPIRE'(조약의 체결과 제국의 멸망)라는 제목으로 늑약 체결의 전말과 함께 장지연의 논설 「시일야방성대곡」도 포함시킨 것이다. 박은식은 장지연의 「시일야방성대곡」이 신문사의 의무를 다한 것일 뿐만 아니라 세계를 향해 한국 사회가 발신하는 광명정직한 메시지라며 높이 평가했다. 장지연의 '방성대곡은 한국 신민의 통곡이고 세계 각국의 통분이 되리라고 확신했는데, 이런 맥락에서 보면 박은식의 명저 『한국통사』에서 '통'의 상징적 의미는 한국이 독립국의 국권을 상실한 날 「시일야방성대곡」의 마지막에 부르짖은 '통재통재'를 되새기는 차원에서 해석될 수도 있다. 늑약에 따른 조처가 실행되어 한국의 주일 공사가 일본에서 철수하는 날 한국 유학생이 정거장에서 방성대곡하는 사건이 발생했는데, 박은식은 『대한매일신보』 사설로 「시일에 우 방성대곡」(1905년 12월 28일 논설)을 내보내 다시 한번 장지연의 「시일야방성대곡」을 전국적으로 환기시켰다.

박은식의 「시일에 우 방성대곡」과 장지연의 「시일야방성대곡」은 같은 점도 있지만 다른 점도 있었다. 장지연은 한국의 강토와 종사를 남에게 빼앗겼고 한국 백성이 남의 노예가 되었다고 말하는 데서 그쳤지만, 박은식은 나라가 위망에 빠지고 형제가 고해에 잠겼다고 말하면서도 동시에 한국 인민이 학문에 힘써서 자유를 되찾기를 당부했다. 민영환이 자결하면서 남긴 유서를 읽고 그 의미를 전하는 자리에서도 민영환의 충혼을 위로하는 길은 한국 인민이 학문에 힘써서 자유독립을 회복하는 것이라고 말했다. 충격과 통곡의 한 해를 마치고 이듬해에 신년을 맞이하자 그는 국가와 인민을 위해 한국의 흥학을 가장 희망한다고 밝히면서 한국 인민이 자유독립을 위해 학교 설립과 교육 진흥에 힘쓸 것을 제안했다. 이것은 『애급근세사』에서 이집트 인민이 유럽 열강의 지배에 굴하지 않고 아라비를 중심으로 국민당운동이 일어났음에 유념한 신년의 희망이기도 했다. 이에 따라 다시 자강의 물이 맑혀졌다. 같은 해 3월 대한자강회가 결성되어 자강을 표방한 사회운동이 일어났다. 박은식과 장지연은 대한자강회에 모여 자강에 관한 값진 논설을 발표하며 자강정신을 견인했다. 을사늑약을 전후한 시기 박은식과 장지연은 한국 사회 최상의 자강의 동지였다.

10장

역사 속의 인연과 악연 사이

◉

이승만과 정순만, 그리고 박용만

윤대원

각기 다른 출생과 성장 환경

이승만은 1875년 황해도 평산군에서 양녕대군의 15대손이자 이경순의 5대 독자로 태어났고, 호는 우남雩南이다. 그는 양녕대군의 후손이지만 그 직계가 서자 출신이었고 자신의 7대조부터 벼슬에 오른 이가 없어 몰락한 한미한 집안 출신이다. 그가 두 살 때인 1877년 서울로 이사를 왔고 자라면서 양반집 자제의 글공부 상대역으로 서당에서 한학을 배웠다. 1894년 과거제가 폐지될 때까지 거의 매년 응시했으나 당시 부정 시험이 만연한 문란한 과거 때문인지 낙방만 거듭했다. 그는 1891년 열여섯 살 때 동네 동갑내기 박승선(1875~1950)과 결혼했다. 그러다 1894년 과거제가 폐지되면서 선교사들이 세운 미션스쿨인 배제학당에 입학했다.

정순만은 1876년 충청북도 청원군 옥산면에서 태어났고 호는 검은僞隱이다. 그는 당시 기호학파의 핵심 인물인 간재艮齋 전우田愚 문하에서 배운 전통적인 유학자였다. 1895년 민왕후 시해 사건과 단발령에 반발한 유생들이 의병을 일으켰을 때 그는 충북, 경북,

이승만(왼쪽)과 박용만(오른쪽), 1913년 4월 29일. 두 사람은
형과 아우 사이였으나 훗날 분규에 휩싸이면서 견원지간이
된다.

강원도 등지를 다니며 의병 모집에 힘을
쏟기도 했다. 이후 그는 서울에 올라와 유
교적 세계관을 버리고 독립협회에서 활동
하며 국권 회복 운동에 나섰다.

　박용만은 1881년 강원도 철원에서 태어
났고 호는 우성又醒이다. 어려서 아버지를
여의고 서울의 숙부 박희병 밑에서 자랐
다. 숙부의 도움으로 서울에서 관립일본
어학교를 졸업하고 일본 유학 시험에 합격
해 1895년경 숙부를 따라 일본으로 유학
을 갔다. 그곳에서 일본 중학교를 졸업하
고 게이오의숙慶應義塾에 들어가 정치학을
공부했다. 이 무렵 숙부의 소개로 아관파
천 이후 '대역죄인'으로 일본에 망명한 박
영효 등의 망명 인사들과 교류하게 됐다.

　개항 이후 물밀 듯 밀려오는 제국주의 열강의 침략이라는 격랑
속에서 각기 성장 배경을 달리하며 어린 시절을 보낸 청년 이승만,
정순만, 박용만은 나라의 독립과 문명 개화를 위한 국권 회복의
길에서 만나는 '인연'을 갖게 됐다.

한성감옥에서 '삼만 결의 형제'를 맺다

이승만은 과거제가 폐지되어 입신양명의 길이 막히자 그 대안을

배재학당. 1885년(고종 22) 감리교 선교사인 아펜젤러가 2명의 학생에게 영어를 가르친 것이 이 학교의 시작이었다.

찾아 1895년 미션스쿨인 배재학당에 들어갔다. 그가 배제학당에 들어간 이유는 영어를 잘하면 정부에서 외국에 파견하는 사절단에 통역으로 채용될 기회가 많았고, 또한 고학생에게 생활비를 벌면서 공부할 기회가 주어졌기 때문이다. 그러나 당시 "주시경은 한글 연구하러, 이승만은 정치하러" 배제학당에 들어왔다는 소문이 돌았듯이 이승만은 입신양명에 더 큰 뜻이 있었다. '아버지를 아버지라고 못 부른' 홍길동처럼 조선시대의 몰락한 가문의 후손들이 그렇듯이 이승만도 조선 왕실에 대한 불만과 함께 신분 상승을 욕망하는 이중적 성격을 지녔다. 그는 배제학당에 들어온 지 얼마 되지 않아 이른바 '춘생문 사건'에 휘말려 이듬해 2월까지 고향 평산의 누님 집에 숨어 지냈다.

서재필은 협성회를 조직하고, 독립협회의 반러반
정부운동도 주도했다.

1896년 2월 '아관파천' 직후 서울에 돌아온 이승만은 서재필이 배제학당에 조직한 협성회에 참여했다. 그는 1898년 2월 이후 서재필 등이 주도하던 독립협회의 '반러반정부운동'에 참여하면서 청년 개혁가로 성장했다. 서재필의 권유로 3월 종로에서 열린 제1회 만민공동회에 연사로 참여한 이승만은 '정부의 친러 정책을 비판하고 러시아 세력의 철수'를 주장하며 총대위원에 뽑혔다. 4월에는 『협성회회보』의 후신인 『매일신문』 창간을 주도하고 7월에 배제학당을 졸업했다. 이어 8월에는 『제국신문』 논설위원으로 활동하며 대중여론을 형성하는 언론의 중요성을 깨닫기도 했다.

이런 이승만에게 첫 시련이 닥쳤다. 1898년 11월 정부에서 독립협회 간부들을 구속하며 독립협회를 탄압했던 것인데, 이때 이승만이 경무청 앞에서 6일 동안 농성하며 항의 시위를 주도했다. 정부는 결국 구속한 독립협회 간부들을 석방시키고, 유화책으로 이승만을 중추원 의관으로 임명했다. 비록 종9품의 벼슬이었지만 이승만의 첫 관직 진출이었다. 그러나 이 기쁨도 오래가지 않았다. 그해 12월 이승만은 일본에 망명 중이던 '대역죄인' 박영효의 쿠데타 음모 사건에 연루되어 1899년 1월 2일 중추원 의관에서 면직되고, 미국인 의사 셔먼의 병원에 숨어 있다가 체포되어 한성감옥에 갇혔다. 이어 정순만, 박용만도 차례로 투옥됐다. 정순만은 독립협회에서 활동하다가 이 사건에 연루되어 한성감옥에 투옥됐다. 박용만도 일본 유학 시절 박영효 등과 교류한 사실이 드러나 1899년 7월 일본에서 귀국하자마자 한성감옥에 투옥됐다. 이렇게 해서 이승만, 정순만, 박용만은 한성감옥에서 첫 상봉의 인연을 맺게 되었다.

박영효.

　이승만은 투옥된 지 한 달도 안 돼 탈옥을 꾀했다. 그는 1월 30일 주시경이 몰래 넣어준 육혈포 2정을 가지고 탈옥하려다 실패했다. 이승만은 이때 옥졸에게 총상을 입힌 죄로 종신형에 처해졌다. 그러나 그의 옥중생활은 파격 그 자체였다. 미국 선교사들은 유능한 목사로서 완벽한 자질을 갖춘 이승만을 구하려고 자신들이 할 수 있는 일이면 무엇이든 다 해주었다. 그 덕분에 이승만은 비록 몸은 구금됐지만 선교사들이 넣어준 100여 권의 책으로 감옥에 도서실을 설치하고 수감자들을 상대로 학교를 열며 선교활동도 자유로이 했다. 심지어 1898년 12월에 태어난 아들 이수봉(이태산)과 함께 감옥에서 생활하기도 했다. 잘 알려진 그의 대표 저작 『독립정신』도 이때 집필된 것이다. 더구나 선교사들의 적극적인 석방운동 덕분에 그는 종신형에서 징역 15년으로, 그리고 다시 5년으로 감형되는 특전을 누렸다.

　이승만은 5년 7개월 동안 옥중생활을 하며 선교사들을 통해

1904년에 촬영된 상동교회. 멀리 명동성당이 보인다.

'힘센 나라 미국의 힘'을 직접 경험하면서 자신의 현실주의적 세계
관을 더욱 굳혔다. 그가 『독립정신』에서 제시한 국권 회복 방안은
'한국민을 기독교로 교화하고 서양의 정치제도와 법률을 받아들
여 정치를 개혁하며, 대외적으로 중립 외교를 하여 열강으로부터
독립을 보장받자'는 것이었다. 그가 주장한 서구화는 곧 미국화이
며 외교 대상으로 삼은 것도 자신이 '인간의 극락국'으로 여겨온 미
국이었다. 이런 관점에서 그는 대한제국을 반개혁적인 전제 정치

정순**만**, 박용**만**은 적십자 운동을 벌였다. 사진은 상하이 적십자회 간호원들.

로 비판하고 러시아를 반대하는 '친일친미외교론'의 현실주의적 태
도를 취했다.

　한편 한성감옥에서 먼저 출옥한 박용만은 상동교회의 상동청년
회에서 활동했고 뒤이어 석방된 정순만도 상동청년회에 가입해 함
께 활동했다.

　1904년 2월 러일전쟁이 일어나자 정순만, 박용만은 백인종도
일본을 돕는데 같은 황인종인 우리 국민은 아무런 행동도 취하지
않는다고 비난하며, 러일전쟁 중 부상당한 일본 병사를 돕자면서
적십자사 설립 운동을 벌였다. 당시 일본은 한국 등 아시아를 침
략하면서 이를 합리화하려고 백인종인 서구의 침략에 대응하여
황인종인 한국과 중국이 일본을 중심으로 함께 싸우자는 '아시아
연대론' 내지 '동양평화론'을 주장했다. 안타깝게도 박용만, 정순

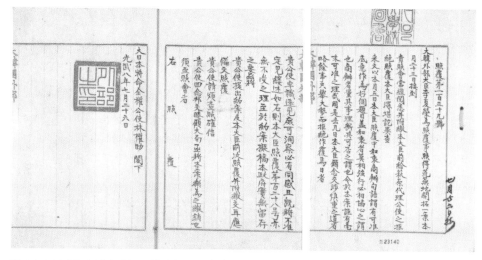

「일본공사관의 황무지개간권 위임 요구를 거부하는 조복 제139호」, 종이에 필사, 29.5×21.0cm, 1904년 7월 26일, 국립고궁박물관.

만 등 대다수의 계몽운동가는 이 속에 감춰진 일본의 침략 속셈을 깨닫지 못한 채 곧이곧대로 믿었다. 고종은 적십자사 설립 운동이 자신의 전시 중립화 방침에 어긋난다며 3월 25일 정순만과 박용만을 체포해 한성감옥에 투옥했다. 한성감옥에서 다시 만난 이승만, 정순만, 박용만 세 청년은 '삼만 결의 형제'를 맺었다. 아마 이들은 앞으로 국권 회복의 한길에 함께할 것을 맹세했을 것이다.

반일운동에 나선 정순만, 서른일곱 살의 생을 마감하다

박용만에 이어 이승만보다 두 달 앞서 출옥한 정순만은 러일전쟁에서 승리한 일본이 1904년 7월 황무지 개간권을 요구하자 보안

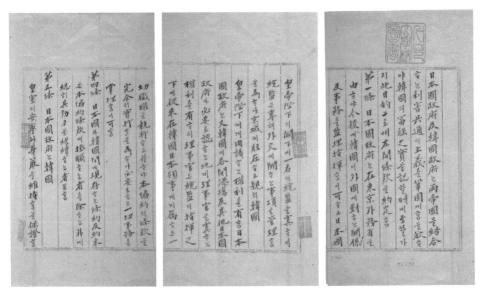

「을사늑약」, 37.0×23.5cm, 1905, 규장각한국학연구원.

회에 참여해 일본의 황무지 개간권 요구 반대 운동에 나섰다. 한때 일본의 동양평화론을 믿었던 그는 러일전쟁 뒤 일본의 침략을 경험하고 일본이 주장한 동양평화론의 허구를 깨달았던 것이다.

정순만은 일본의 황무지 개간권 요구 반대 운동에 이어 1905년 4월 일본인이 불법으로 멕시코 이민 노동자를 모집하자 이를 규탄하고 멕시코 이민 노동자의 실태를 폭로하는 활동에 나섰다. 일본인 이민 모집자에게 속아 멕시코 유카탄과 메리다에 간 이민 노동자들은 한마디로 노예 같은 비참한 생활을 견뎌야 했다. 상동청년회의 서기 정순만은 이런 사실을 신문에 폭로하고 실태 조사에 나서는 등 이민 반대 운동을 벌였다.

한편 정순만은 을사늑약의 체결을 앞두고 주영대리공사 이한응

1906년 8월 이상설 선생이 간도 용정 부첫골에 설립한 서전서숙.

이 자결했다는 소식을 듣고 을사늑약 체결 반대 운동에 나섰다. 그는 11월 10일 상동교회에서 을사늑약 체결을 반대하는 구국기도회를 열었고, 늑약이 체결된 뒤에는 회장 전덕기와 함께 전국청년회 대표회를 소집했다. 김구, 이동녕 등 전국에서 수십 명의 애국 청년이 참여한 회의에서는 늑약 체결 반대 상소를 올리기로 했다. 11월 27일 그는 상소단을 이끌고 경운궁 대한문 앞에서 상소를 하다가 일본 경찰에게 체포됐다. 30일에는 종로에서 을사늑약의 체결을 반대하는 격문을 뿌리며 가두연설을 하던 중 이를 저지하는 일본 경찰과 육박전을 벌었다.

정순만은 을사늑약 체결 반대 운동이 일제의 탄압으로 실패하자 더 이상 국내에서의 활동이 불가능하다고 판단하고 동향 출신이면서 상동청년회에서 함께 활동해온 이상설, 이동녕과 함께 1906년 블라디보스토크를 거쳐 북간도 연길현 용정촌에 정착했다. 1906년 가을 민족 교육의 요람인 서전서숙을 설립하고 민족 교육을 실시했다. 1907년 4월 이상설이 헤이그 만국평화회의의 특사 밀명을 받자 그는 이상설, 이동녕과 함께 블라디보스크로 가서 이주 동포를 대상으로 파견 자금 모집에 나서 약 1만8000원의 의연금을 모아 이상설을 지원했다. 다시 용정으로 돌아온 정순만은 서전서숙에서 교육 사업을 이어갔다. 그러나 일본의 감시와 재정 문제로 서전서숙을 더 이상 유지할 수 없게 되어 그는 다시 블라디보스토크로 돌아왔다.

정순만은 연해주한인거류민회 회장 양성춘과 의형제를 맺고 민회 총무 겸 서기로 활동했다. 그는 1908년 2월 26일 연해주 최초의 한인 신문인 『해조신문』을 발행하고, 초기 주필을 맡아 연해주 한인들의 계몽과 민족의식 고취를 위해 노력했다. 또한 4월 연추에서 최재형, 이범윤 등이 국내 진공작전을 위해 결성한 동의회에 참여해 군자금 및 의병 모집에 나섰다. 이 작전이 실패한 뒤 안중근이 대동공보사를 중심으로 조도선, 우덕순 등과 하얼빈 의거를 논의할 때 정순만도 함께했다. 안중근이 하얼빈에서 이토 히로부미를 사살하고 체포되자 그는 변호사 섭외와 의연금 모집을 위해 노력하는 한편, 『대동공보』를 통해 안중근 의거 사실을 상세하게 보도함으로써 이 사건이 국내외에 자세히 알려지도록 했다.

그런데 1910년 1월, 민회 내에서 미주 동포사회에서 보내온 지원금의 유용 문제가 발생했다. 이 무렵 연해주에는 이곳과 지리적으로 가까운 평안도('서도파')와 함경도('북파') 출신들이 다수를 차지하면서 기호파의 입지가 좁아졌고 자연히 기호파인 정순만의 입지도 좁아졌다. 이런 가운데 1월 23일 개최된 민회에서 그는 지원금 유용 문제에 대한 집행부와 서도파의 책임을 추궁했으나 민회장 양성춘의 만류로 유야무야됐다. 회의 결과에 불만을 품은 그는 이날 오후 7시 권총을 가지고 양성춘을 찾아가 "나는 동지의 동정을 잃었다. 국가를 위해 온 힘을 다하고자 하는 뜻이 수포로 돌아갔으니 이렇게 탁한 세상에 살아야 할 희망이 없어 지금 자살하겠다"고 말한 후 권총을 꺼냈다. 정순만의 돌발 행동에 놀란 양성춘이 총을 빼앗으려다가 오발되어 양성춘의 복부에 맞고 양성춘은 사흘 뒤 사망했다. 죽기 직전 양성춘은 자기 가족에게 '자살을 말리려다 난 사고이니 복수하지 말라'는 간곡한 유언을 남겼다.

1910년 11월 8일, 러시아 법정에서 정순만은 '과실살상죄'로 징역 3개월에 처해졌다. 그는 이듬해 2월 8일 3개월 형기를 마치고 출옥했으나 이미 '서도파의 주도에 불만을 가진 정순만이 양성춘을 고의로 살해했다'고 알려져 복수한다는 소문이 파다했다. 출옥 후 이상설의 집에 은신 중이던 정순만은 홍범도 등과 함께 국내 진공 계획을 세우고 있었다. 그런데 6월 26일 그는 사죄를 요구하는 양성춘 형을 따라가 양성춘의 아내에게 무릎을 꿇고 사죄하는 사이 도끼로 살해됐다.

'양성춘 사건'은 그야말로 일시적 격분을 이기지 못한 상태에서 일어난 불행한 우발적 사고였다. 그러나 이 사고로 정순만은 결국 이국 땅 연해주에서 동포의 손에 의해 독립운동의 꿈도 제대로 펴보지 못한 채 서른일곱 살의 짧은 인생을 마감했다.

박용만,
독립전쟁을 준비하다

박용**만**.

한성감옥에서 먼저 출옥한 박용만은 숙부가 있던 평안도 선천으로 가 숙부가 설립한 사립학교에서 교사생활을 하다가 1905년 2월, 자신이 가르친 선천 출신의 유일한, 정순만의 아들 정양필과 이승만의 아들 이수봉 등을 데리고 미국 유학길에 올랐다. 박용만과 그의 숙부는 네브래스카, 콜로라도, 유타주가 있는 미국 중서부에 터를 잡았다. 그는 1908년 9월 네브래스카 주립대학에 입학해 정치학과 군사학을 주로 공부했고 향후 독립군 간부 양성을 위해 ROTC 교육을 직접 받았다.

박용만은 1908년 6월 콜로라도 덴버에서 민주당 대통령 후보 선출 대회가 열린다는 소식을 듣고 이 대회에 한국인의 목소리를 전달하고 이를 계기로 미주 한인의 통합을 꾀할 목적으로 해외 애국동지대표자회의를 소집했다. 그해 7월 콜로라도 덴버에는 미주, 하와이, 노령 등지에서 대표 36명이 참여했다. 이때 이상설과 하버드 대학원에 다니던 이승만도 노령의 위탁 대표로 참여했다. 회의에서는 박용만이 제안했던 '한인군사학교설립안'이 통과됐다.

대한국민회 기관지인 『신한민보』.

박용만은 애국동지대표자회의 결정에 따라 1908년 겨울방학을 이용해 군사학교 설립에 나서 네브래스카 주정부의 허락을 받아 커니시에 한인소년병학교를 설립했다. 목적은 향후 있을 독립전쟁에 대비한 독립군 간부 양성이었다. 그는 1910년 4월 헤이스팅스대학과 교섭하여 학교 건물 한 동과 농장을 임대받아 소년병학교를 이전했다(헤이스팅스 소년병학교). 소년병학교는 1912년 9월 첫 사관생도 13명을 졸업시켰다. 그러나 박용만이 1911년 2월 대한인국민회 기관지 『신한민보』의 주필로 초청되어 샌프란시스코로 간 뒤 재정 곤란과 한인 감소로 인해 1914년 폐교됐다. 샌프란시스코로 자리를 옮긴 박용만은 『신한민보』 주필 활동을 통해 대한인국민회를 중심으로 해외 한인단체를 통합하고 이를 바탕으로 미국의 연방제처럼 헌법을 제정하며 삼권분립 및 자치제를 실시하는 '무형 정부', 즉 임시정부의 수립을 주장했다.

박용만은 1908년부터 1912년까지 4년 동안 네브래스카 주립대학에 다니면서 애국동지대표자회의 개최, 한인소년병학교 설치, 『신한민보』 주필을 거치면서, 임시정부인 '민주공화제의 무형 정부 건설'을 주장했다. 그의 목적은 독립 쟁취였고 그 방법은 '독립전쟁론'이었다. 그러다 1911년 11월 하와이 국민회로부터 기관지 『신한 국보』(1913년에 『국민보』로 개칭함)의 주필 초청을 받고 이듬해 12월 하와이로 활동지를 옮겼다.

이승만, 프린스턴대학에서 박사학위를 받다

삼만 의형제 가운데 이승만은 가장 늦은 1904년 8월 9일 석방됐다. 그는 "러일전쟁 당시 개화파가 잠시 정권을 잡은 후 자신을 석방했다"고 했으나 이는 사실이 아니다. 그는 미국 선교사의 요청을 받은 일본공사 하야시 곤스케林權助의 도움으로 석방됐다. 한성감옥을 나온 이승만은 잠시 상동청년회에서 활동하다가 11월 4일 미국 유학길에 올라 12월 31일 워싱턴에 도착했다. 그가 미국에 온 목적은 첫째가 유학이고 둘째는 민영환과 한규설의 개인 밀사 자격이었다.

특히 이승만이 이 개인 밀사와 관련해 '한국 대표' 내지 '고종 밀사'를 주장하지만 사실은 민영환, 한규설의 개인 편지를 주미공사에게 전달하는 것이었다. 대신 이승만이 '한국 대표'로 국내에 이름을 알린 계기는 1905년 8월 시어도어 루스벨트 미국 대통령을 만난 일이었다. 7월에 미국 포츠머스에서 러일강화회담이 열린다는 소식을 듣고 하와이 한인들은 임시 대회를 열고 이 회담을 시찰할 대표로 감리교 목사 윤병구를 선출했다. 윤병구는 당시 조지 워싱턴대 학생인 이승만을 통역 담당 겸 조력자로 뽑았다. 이들은 운 좋게 미 국무 장관 태프트의 소개장을 얻어 8월에 루스벨트 대통령을 만날 수 있었다.

윤병구와 이승만은 루스벨트 대통령에게 '한국의 독립 유지와 미국의 거중 조정을 요청'했다. 그러면서 자신들은 일진회의 대표이고 한국 황제가 한국을 대표하지 않으며 자신들은 러일전쟁에서 일본이 승리하고 있는 것을 기뻐한다고 했다. 루스벨트는 이들에게 정식 외교 경로를 통해 청원서를 제출하라고 했지만 이것은 루스벨트가 윤구병, 이승만을 희롱한 것이나 마찬가지였다. 왜냐하면 루스벨트는 미국 내 가장 강력한 '반러친일' 정치가였고 이 무렵 그는 일본에게 '한국의 보호국화'를 인정하는 밀약을 맺기 위해 태프트를 일본에 보냈기 때문이다. 이런 사정을 전혀 모르는 윤구병과 이승만은 주미한국공사 대리 김윤정에게 청원서 전달을 요구했다. 그러나 김윤정은 본국의 훈령이 없다는 이유로 거절함으로써 일단락됐다.

그런데 이 일이 뒤늦게 국내에 알려졌다. 박용만의 숙부가 이 일을 『황성신문』에 알려 보도된 것이다. '약관 만 30세의 청년 이승만이 한국 대표로 미국 대통령을 만나 한국의 독립을 호소했으나 김윤정이 배반하여 실패한 것'으로 알려졌다. 이 보도로 대중에게 김윤정은 '역적'이, 이승만은 '영웅'이 됐다. 그러나 이승만은 고종을 비판하며 스스로 한국 대표가 아닌 일진회 대표라 했고, 더구나 러일전쟁에서 일본의 승리를 기뻐했다. 이런 사정을 알 길 없는 상황에서 이 보도는 국내에서 이승만을 영향력 있는 외교가 및 정치가로 가인시켰다.

한편 이승만은 미국으로 올 때 한국에 있던 미국 선교사들로부터 열아홉 통의 대학 입학 추천서를 받았다. 당시 제임스 게일 선교사는 "이승만은 투옥 시절 40명의 죄수를 기독교로 개종시킬 정도로 독실한 기독교인이며 한국 기독교계의 주도자가 될 것이니 2~3년 동안 공부한 후 귀국하게 해달라"는 소개장을 써줬다. 이런 소개장의 도움으로 이승만은 배재학당의 학력을 인정받아 조지워싱턴대학 학부 2학년에 편입해, 1907년 6월 2년 만에 학사학위를 받았다. 그는 그해 가을 하버드 대학원에 진학하면서 "한국에서의 선교활동에 필요하다며 2년 내 박사학위 수여를 요청했으나 하버드대학 측은 평균 4년이 소요된다며 거절하여 이듬해 여름에 그만뒀고, 대신 이 요구를 받아들인 프린스턴 대학원에 1908년 8월에 입학해 1910년 7월 박사학위를 받았다. 하버드대학 석사는 1910년 3월에 받았다.

이승만이 최소 12년이 걸리는 박사학위를 고작 5년 안에 받은 이런 불가사의한 일이 가능했던 것은 감리교의 절대적인 지원 때문이었다. 어쨌든 한국인 최초의 미국 박사라는 타이틀은 이후 그의 활동에 있어 중요한 자산이 됐다. 그렇다고 그에게 좋은 일만 있지는 않았다. 그는 박용만이 데리고 온 아들을 1905년 4월 워싱턴에서 만났다. 하숙집에서 2개월 정도 같이 생활하다가 부득이하게 아들을 필라델피아의 한 보육원에 맡겼다. 그러나 1906년 2월 25일 아들이 구충제를 먹고 단식을 하다가 디프테리아에 걸려 죽는 불행한 일도 있었다.

현실주의 세계관을 더욱 굳혀간 이승만

꿈에도 그리던 '인민의 극락국' 미국에서 유학생활을 하는 동안 이승만의 친미적인 태도는 더욱 철저해졌고, 원칙이나 신념보다는 자신의 이익을 위해 현실을 적절히 이용하는 '현실주의적 세계관' 이 더욱 굳어졌다.

이승만이 1908년 7월 콜로라도 덴버에서 열린 애국동지대표자 회의에 참석하고 있을 때 샌프란시스코 한인사회에서 그를 다급히 찾는 연락이 왔다. 이유는 친일 미국인 스티븐스를 저격한 애국청년 장인환의 재판에 필요한 법정 통역 때문이었다. 미주 한인

『공립신보』는 1905년 11월 20일에 창간되었다.

동포들은 장인환을 구하려고 돈을 모아 최고의 변호사를 고용하는 등 노력을 기울였다. 문제는 영어를 미국인처럼 잘하는 법정 통역이 필요하다는 것이었는데, 이때 이승만이 선택되었다. 하지만 7월 25일 샌프란시스코에 온 이승만은 장인환의 법정 통역을 맡아달라는 이야기를 듣고 일언지하에 거절했다. 자신은 아직 '학생 신분이고 이곳은 워싱턴에서 거리가 너무 먼 데다 특히 기독교도로서 살인자를 변호할 수 없다'는 것이 그 이유였다. 이 일로 이승만은 한때 미주 동포들의 공분을 샀다. 그는 8월 12일 『공립신보』에 일본의 능력을 "생각지 아니하고 급

한 대로 덤벙이려 하면 결단코 남의 조
소거리만 될" 뿐이라며 경쟁하는 세상
에서 실력을 우선 키우자고 변명했다.

이승만은 미국 감리교의 도움으로
공부하던 중이었고 특히 인종주의가
만연했던 시기에 야만족인 황인종이
문명인인 백인종을 백주대낮에 총살한
사건에 격분한 미국 여론 등을 고려해
이 사건에 개입하길 거부했던 것이다.
현실적인 힘의 우열관계에서 자신의 이
익을 위해 현실에 순응했던 것이다.

이승만은 1910년 7월 프린스턴대학
에서 박사학위를 취득하고 지금까지
자신을 도와준 미국 감리교와 선교사

이승만의 대한인국민회 입회증서, 1910년 3월 21일. 이승만이 샌
프란시스코지방회에 가입했을 때 교부받은 입회증이다.

의 기대를 저버릴 수 없어 귀국길에 올랐다. 그는 이때 박용만의
요청을 받고 헤이스팅스소년병학교에 들러 연설을 했다. 그는 생
도들에게 '스티븐스를 저격 살해한 장인환, 전명운, 또 이토 히로
부미를 하얼빈에서 살해한 안중근은 한 나라의 명예를 더럽힌 범
죄적 암살자에 불과하다' '일본과 같은 강대국에 군사적으로 저항
한다는 것은 꿈에 불과하다'며 박용만의 독립전쟁론을 부정했다.

1910년 10월 귀국한 이승만은 황성기독교청년회YMCA 한국인
총무를 맡아 학생부, 종교부 간사로서 종교, 교육활동에 종사했
다. 특히 그는 YMCA 미국인 총무와 함께 1911년 5월 16일에서 6
월 21일까지 37일 동안 전국 순회에 나서, 남쪽의 광주, 전주, 북

헤이스링스소년병학교에서 훈련 중인 생도들.

쪽의 평양, 선천 등 전국 13도를 다니며 YMCA를 조직하고 서른 세 차례의 집회에서 7535명의 학생을 만났다. 이 과정에서 그는 부흥 전도사이자 웅변가, 조직가로서의 경험을 쌓았다. 이때 그를 만난 청년들에게 이승만은 '미국 박사'로 각인돼 해방 이후에도 '대통령'보다는 '이박사'로 더 잘 알려지게 됐다.

1912년 3월 이승만은 다시 미국으로 건너갔다. 그해 5월 미국 미니애폴리스에서 열릴 국제감리교대회에 한국 평신도 대표로 참석하기 위해서였다. 그는 이때 자신의 도미가 1911년 9월 일제가 조작한 '조선총독 살해미수 사건'을 빌미로 탄압한 '105인 사건' 때문이라고 했지만 사실이 아니다. 귀국한 이후 그의 활동은 순전한 종교활동이었지 반일운동과는 전혀 관련이 없었다. 한국의 실력으로 일본을 이길 수 없다고 믿는 현실주의자인 그는 그동안 이룩한 모든 것을 한 번에 잃을 수 있는 '위험한 모험' 즉 반일운동을 할

미주 동포들이 조직해 **만주**, 노령 등지에 지부를 설치하고 국권 회복 운동을 전개한 대한인국민회의 하와이 지방 총회 임원들, 1909.

인물이 결코 아니었다. 이것은 그가 1912년 11월 18일 『워싱턴포스트』와 가진 기자 회견에서 일본이 한국을 병합한 후 "불과 3년이 지나기도 전에 한국은 낡은 인습이 지배하는 느림보 나라에서 활발하고 떠들썩한 산업경제의 한 중심으로 변모했다"며 식민 통치를 극찬한 데서도 알 수 있다.

돌이킬 수 없는 악연으로 돌아선 의형제

1912년 12월 하와이로 온 박용만은 독립운동의 새로운 길을 개

대조선국민군단의 사열식, 1914. '산넘어 병학교'라고도 불렸던 대조선국민군단의 학교.

『대한인국민회자치규정』과 『대한인국민회헌장』, 1910.

척했다. 당시 하와이에는 5000여 명의 한인이 여러 섬의 사탕수수 농장에서 농장주 또는 노동자 등으로 일하고 있었다. 그는 하와이 한인사회의 중추 기관인 대한인국민회 하와이 지방총회를 중심으로 자치제를 실현했다. 그는 1913년 2월 '대한인국민회 하와이 지방총회 자치 규정'을 제정하고 지방총회를 중앙 기관으로 하며 대의회를 의회, 자치 경찰을 사법부로 하고, 하와이의 모든 한인은 지방총회 회원이 되어 의무금을 내도록 했다. 특히 하와이 정부로부터 지방총회의 특별경찰권을 승인받고 하와이 각 섬에 대한인국민회 경찰부장을 두어 치안을 맡게 했다.

박용만은 또한 독립전쟁의 간부 양성을 위한 군인 학교 설립을 위해 하와이 동포들의 지원을 받아 1914년 6월 10일 대조선국민

대한인국민회 하와이지방총회 간부들과 대조선국민군단 간부들, 1914.

군단을 창설했다. 창설 당시 200여 명이 응모했는데, 이들 가운데
는 대한제국 군인 출신도 상당수 있었다. 미국 군대를 모방한 근
대식 군대인 국민군단은 헤이스팅스소년병학교와 마찬가지로 농
장 일과 군사 훈련을 병행하는 '둔병제' 군사학교였다. 그 목적은
장차 만주에서 독립전쟁을 전개할 독립군 간부 양성이었다.

　한편 박용만은 미국에 다시 온 '의형' 이승만이 갈 곳 없어 방황
하고 있다는 소식을 듣고 그를 하와이로 초청했다. 박용만은 1913
년 2월 하와이에 도착한 이승만에게 하와이 한인사회의 교육과
종교를 맡도록 주선하는 등 '의형'을 극진히 예우했다. 이승만은
'의동생' 박용만의 도움을 받아 이후 한인 교회 및 한인 학교를 중
심으로 활동하며 자신의 세력을 키워갔다.

　그런데 1915년 1월 하와이 한인사회에 '국민회 재무 횡령 사건'

이 일어났다. 이승만은 하와이의 각 섬을 돌며 동포들을 상대로 1914년 12월 호놀룰루에 국민회 회관을 건립하면서 모은 기금을 당시 박용만계인 대한인국민회 지방총회장 김종학과 박용만이 횡령했다고 비난하며 임시 지방총회의 개최를 요구했다. 당시 모금된 국민회관 건축 기금은 총 5255달러였다. 이 가운데 사용처가 불분명한 것은 총회장이 '범용'한 831달러였다. 이 돈은 박용만의 국민군단 경비로 지출됐다. 이승만과 그 추종 세력이 '횡령'이라고 비난한 것은 바로 이 돈이었다.

이승만 측의 요구대로 1915년 1월 국민회 임시 대회가 열렸으나 박용만파인 김종학이 다시 총회장에 선출됐다. 그러자 이승만과 그 지지파는 다시 임시 총회를 열고 김종학을 파면한 뒤 공금횡령죄로 체포해 하와이 법정에 제소했다. 재판 결과 김종학은 증거 불충분으로 석방됐다. 이 일로 자연히 '의형제' 이승만과 박용만 사이에 금이 가기 시작했다. 그런데 박용만이 6월 대한인국민회 중앙총회 부회장에 당선되어 취임차 샌프란시스코로 가자 그사이 이승만 측의 행동대원이 박용만 지지 세력을 구타하는 등 폭력적으로 국민회를 장악했다. 이때 이승만의 최측근인 목사 안현경이 국민회 총회장, 이승만 자신은 재무를 맡았다.

이 사건으로 인한 여파는 하와이 한인사회가 분열되는 데 그치지 않았다. 일제는 이를 하와이에서 반일적인 활동을 하는 박용만을 제거할 기회로 이용했다. 1915년 7월 일제는 주미일본대사관을 통해 '동맹국인 미국 땅에서 하와이의 국민회와 국민군단이 일본의 한국 지배를 전복하고 혁명을 기도하고 있다'며 미국 정부에 강력 항의했다. 이 항의로 결국 하와이 총독은 한인사회의 특별경찰권을 취소하고 소년병학교 농장주에게 압력을 넣어 임대 계약을 취소하도록 했다. 이로써 박용만이 하와이에 와서 애써 이룩한 하와이 자치제가 무너졌고 국민군단은 폐쇄됐다. 1935년 작성된 '하와이 한인 활동 보고'라는 미국 FBI 문서에서는 '병학교의 폐쇄는 농장주의 나가달라는 압력 때문인데 여기에는 정부의 압력이 작용'했고 '이승만은 당시 박용만을 간통자, 착취자 그리고 나중에는 일본 밀정으로 중상'했다고 보고했다.

『신한민보』에 실린 하와이 전체 동포에게 보낸 건고문, 1918년 11월 7일. 대한인국민회 중앙총회장 도산 안창호는 박용만과 이승만 지지 세력 사이에 분규가 일어나자 이 분규에 대한 전체 동포들에게 보내는 건고문을 작성해 하와이 『국민보』에 게재할 것을 건고했다.

임시정부에 부임하는 이승만 대통령 환영식, 1920년 12월 28일. 왼쪽부터 손정도, 이동녕, 이시영, 이동휘, 이승만, 안창호, 박은식, 신규식, 장붕. 이승만은 6개월가량 상하이에 있다가 1921년 5월 28일 미국으로 돌아갔다.

굴러온 돌이 박힌 돌을 뽑다

1917년 뉴욕에서 제1회 소약국동맹회가 개최될 예정이었다. 박용만은 이 대회의 한국 대표로 참석하게 됐다. 국민회는 뉴욕에 한국 대표로 갈 박용만의 여비를 마련하려고 기부금을 모집했다. 원래 목표액은 500달러였는데 실제 모인 돈은 1500달러였다. 그런데 박용만에게 지급하고 남은 1000달러의 행방이 묘연해지면서 다시 '횡령 사건'이 일어났다. 이번에는 박용만 지지파가 이승만이 장악한 국민회를 상대로 이 문제를 제기했다. 국민회 대의원들은 '횡령 사건'의 해명을 위한 임시총회 개최와 공정한 '문부 조사'를 요구했으나 이승만은 모두 거부했다. 문제가 된 1500달러는 이승만의 개인 구좌에 들어 있었다.

이 사건이 확대되자 이승만은 1918년 2월, '지난 국민회 총회에서 안현경이 총회장에 당선되자 이에 실망한 자들이 안현경을 몰아내고 총회를 전복하려는 계획이고 이것은 박용만을 따르는 자들이 그와 하나가 되어 번번이 풍파를 일으키는' 것이라며 횡령 사건의 책임을 오히려 박용만의 탓으로 돌렸다. 그리고 이승만 측은 기부금 횡령 여부를 조사하려는 문부조사원을 '살인미수죄'로 고소했으나 하와이 법정에서 기각됐다. 그런데 재판 과정에서 이승만이 한 증언이 '의형제' 박용만과 돌이킬 수 없는 관계로 이어졌다. 이승만은 재판에서 '박용만이 설립한 국민군단이 호놀룰루항에 입항할 일본 군함 이즈모호出雲號를 파괴하려고 한다면서 이런 행위는 미국과 일본의 관계를 악화시키고 국제 평화를 저해하는 음모 행위이므로 미국 내에서 박용만의 군사행동을 금지시켜야 한다'고 증언했다.

이승만이 증언한 이른바 '이즈모호 사건'이란, 당시의 일이 아닌 4년 전 1914년의 일이었다. 제1차 세계대전 시기였던 1914년, 일본 군함 이즈모호가 독일 군함을 따라 진주만에 입항했다. 이때 두 나라는 적국 관계였으나 미국은 아직 참전을 하지 않은 상태였다. 그러나 미국이 1917년 참전을 선언함으로써 미국은 일본과는 동맹국, 독일과는 적대국 관계로 변했다. 이런 정세 변화를 염두에 두고 이승만은 1914년의 일을 1918년에 들춰냈던 것이다. 마치 박용만이 미국의 동맹국인 일본을 공격하고 적국인 독일을 도운 것처럼. 그리고 이승만이 증언한 1914년의 '이즈모호 사건'도 이미 사실 무근으로 판정난 일이었다.

박용만은 '의형' 이승만의 모함을 더 이상 견디지 못한 채 폭발하고 말았다. 그는 "이승만이 국민회 재무 직임을 갖고 공금을 잘못 쓴 것이 분명한데 그것을 교정하려는 대의원들을 모함하여 경무청에 체포하고 재판한 것은 염치없는 일이다. 더욱이 재판석에서 국민군단의 항일운동이 죄이고 국제 평화의 소란을 음모하는 것이니 조처하라고 호소한 것은 우리 동포의 애국 정신을 변천시키고 독립운동을 음해하는 악독한 행동"이라며 이승만을 강력히 비난했다. 당황한 이승만은 자신의 말이 "다만 농담"이었다고 변명했으나 이승만과 박용만의 관계는 이미 깨진 독이었다. '굴러온 돌이 박힌 돌을 뽑듯이' 이 일로 결국 박용만은 하와이를 떠나고 그가 떠난 빈자리를 이승만이 장악했다.

박용만은 1919년 5월 하와이를 떠나 두 달 뒤인 7월 블라디보스토크에 도착했다. 그는 조성환 등과 함께 8월에 리콜리스크에 가서 대조선국민군을 조직한 이래 1928년 베이징에서 살해될 때까지 오직 독립전쟁의 한길을 걸었다. 반면 이승만은 1919년 3·1운동이 일어나기 전까지 단 한 차례도 공개적으로 반일운동을 벌이거나 반일적 언급을 한 일이 없었다. 박용만이 "이승만이 글로는 민주를 주장하고 실제로는 경우와 공론을 멸시하며, 말로는 도덕을 부르고 행실로는 작당과 몽둥이질을 교촉"한다고 비판했듯이 그가 미국에서 보고 배운 것은 민주주의 이념이나 원리가 아니라 세상을 움직이는 힘의 논리와 대중 여론이었다. 그런 까닭에 그는 군사적 강대국인 일본과 싸워 이길 수 없는 현실론을 앞세워 자주독립은 불가능하니 실력을 기르다가 미국과 일본 사이에 전쟁이 일어나면 그때 미국에 한국 독립을 호소하자는 친미외교론을 주장했다.

1장   동상이몽의 동반자

김경수, 「세조의 집권과 권력 변동」, 『백산학보』 99, 2014

김장경, 「訥齋 梁誠之의 정치활동에 관한 연구」, 『淸溪史學』 20, 2006

김정신, 「양성지, 국가와의 공동운명체, 세신(世臣)의 정치를 꿈꾸다」,
    『내일을 여는 역사』 50, 2013

최승희, 「世祖代 王位의 취약성과 王權强化策」, 『조선시대사학보』 1,
    1997

——, 「世祖代 國政運營體制」, 『조선시대사학보』 5, 1998

한영우, 「訥齋 梁誠之의 社會·政治思想」, 『歷史教育』 17, 1975

——, 『朝鮮前期 社會思想研究』, 지식산업사, 1983

——, 『조선 수성기 제갈량, 양성지』, 지식산업사, 2008

2장   왕자와 화가의 분홍빛 동행과 결별

고연희, 『그림 문학에 취하다』, 아트북스, 2012

——, 「몽유도원도 제찬 연구」, 이화여대 석사논문, 1990

김경임, 『사라진 몽유도원도』, 산처럼, 2013

김남이, 『집현전 학사의 삶과 문학』, 태학사, 2004

安輝濬·李炳漢, 『安堅과 夢遊桃源圖』, 藝耕, 1993

유영봉 역주, 『다섯 사람의 집현적 학사와 안평대군에게 받친 詩』, 다
    운샘, 2004

이완우, 「安平大君 李瑢의 文藝活動과 書藝」, 『美術史學研究』
    246·247, 2005

李鍾默, 「安平大君의 문학 활동 연구」, 『진단학보』 93, 2002

한국정신문화연구원, 『세종시대의 문화』, 태학사, 2001

3장 동상이몽의 예정된 파국

남지대, 「朝鮮 成宗代의 臺諫 言論」, 『韓國史論』 12, 1985

남지대, 「朝鮮後期의 '黨爭'과 淸要織」, 『朝鮮後期 黨爭의 綜合的 檢討』 한국정신문화연구원, 1992

에드워드 와그너, 「1519년의 賢良科-조선전기 역사에서의 위상-」, 『역사와 경계』 42, 2002

송웅섭, 「조선 초기 '공론'의 개념에 대한 검토」, 『한국학연구』 39, 2015

송웅섭, 「조선 전기 청요직의 위상과 인사이동 양상」, 『韓國思想史學』 55, 2017

송웅섭, 「기묘사림과 '공론지상주의'」, 『역사와 현실』 108, 2018

김정신, 「조선전기 사림·사림정치 연구의 쟁점과 전망」, 『韓國思想史學』 64, 2020

김 범, 『사화와 반정의 시대-성종·연산군·중종대의 왕권과 정치』, 역사의아침, 2015

최이돈, 『중세를 넘어 근대를 품은 조선』 역사인, 2021

계승범, 『중종의 시대-조선의 유교화와 사림운동』 역사비평사, 2014

4장 시와 학문을 함께 한 부부

柳希春, 『眉巖日記草』 I~V, 조선사편수회, 1936~1938

안동교, 문희순, 오석환, 『(국역) 덕봉집』, 심미안, 2012

이해섭, 『미암일기(眉巖日記草)』 1~5, 담양향토문화연구회, 1992~1996

이해섭 외, 『다시 읽는 미암일기』 1~5, 담양군, 2004

고영진, 「양반관료 류희춘의 관계망」, 『사회적 네트워크와 공간』, 이태진 교수 정년기념논총, 태학사, 2009

권수용, 「미암眉巖 후손 유복삼柳復三의 위선爲先 활동」, 『국학연구』 23, 2013

문희순, 「16세기 여성지식인 덕봉(德峯) 송종개(宋鍾介)의 문학적 특징과 의의」, 『역사학연구』 44, 2011

이성임, 「16세기 朝鮮 兩班官僚의 仕宦과 그에 따른 收入-柳希春의

『眉巖日記』를 중심으로-」,『歷史學報』145, 1995

이성임, 「朝鮮 中期 어느 兩班家門의 農地經營과 奴婢使喚-柳希春의
『眉巖日記』를 중심으로-」,『震檀學報』80, 1995

이성임, 「조선 중기 양반관료의 경제생활과 재부관」,『한국사시민강
좌』29, 2001

이성임, 「16세기 양반관료의 外情 -柳希春의『眉巖日記』를 중심으
로-」,『고문서연구』23, 2003

이성임, 「16세기 송덕봉(宋德峰)의 사람과 성리학적 지향」,『역사학연
구』45, 2012

이종범, 「조선전기 潭陽 大谷 宋氏家의 成長과 關係網」,『호남문화연
구』50(전남대 호남학연구원), 2011

전경목, 「『미암일기』를 통해 본 16세기 양반관료의 사회관계망 연구-
해배 직후 시기를 중심으로-」,『조선시대사학보』73, 2015

5장   별빛 호수에서의 만남

강명관,『성호 세상을 논하다』, 자음과모음, 2011

강세구,『순암 안정복의 학문과 사상 연구』, 혜안, 1996

김용걸,『성호 이익의 철학사상연구』, 성균관대 대동문화연구원,
1989

심우준,『순암 안정복 연구』, 일지사, 1985

이성무, 「성호 이익의 가계와 학통」,『한국실학연구』2, 2000

한우근,『성호 이익 연구』, 서울대출판부, 1980

6장   박학 동지

구만옥, 「頤齋 黃胤錫의 算學 연구」,『韓國思想史學』33, 2009

────, 「18세기 후반 金錫文과『易學圖解』의 발굴-黃胤錫의『頤齋亂
藁』를 중심으로」,『韓國思想史學』57, 2017

박현순, 「18세기 경화사족 金用謙의 삶과 교유」,『민족문화연구』84,
2019

────, 「지방 지식인 黃胤錫과 京華士族의 교유」,『한국사연구』163,
2013

吳壽京,「嘐嘐齋 金用謙 硏究」,『漢文學報』2, 우리한문학회, 2000

오수경,『(수정증보판) 연암그룹연구』, 월인, 2013

이경구,『조선후기 安東 金門 연구』, 일지사, 2007

조성산,「18세기 洛論系의『磻溪隨錄』인식과 홍계희 경세학의 사상
    적 기반」,『조선시대사학보』30, 2004

──,「18세기 洛論系學脈의 변모양상 연구」,『역사교육』102, 2007

배우성,「18세기 지방 지식인 황윤석과 지방 의식」,『한국사연구』
    135, 2006

이지양,「黃胤錫의 書籍筆寫및 購入으로 본 京鄕간의 知識動向−1768
    년~1771년까지의 한양 생활을 중심으로−」,『한국한문학연구』
    53, 2014

7장   기성 문학의 천위에 도전한 두 친구

강명관,「문체와 국가장치−正祖의 文體反正을 둘러싼 사건들」,『문학
    과 경계』제2호, 2001

강혜선,『정조의 시문집 편찬』, 문헌과해석사, 2000

──,「정조의 문체 비판 재론」,『한국문화』49, 2010

김려,『유배객, 세상을 알다: 김려 산문선』, 강혜선 옮김, 태학사,
    2007

김어,『부령을 그리며: 사유악부 선집』, 박혜숙 옮김, 돌베개, 1996

이옥,『연경, 담배의 모든 것』, 안대회 옮김, 휴머니스트, 2008

──,『完譯 李鈺全集』1·2, 실시학사 고전문학연구회 옮기고 엮음,
    휴머니스트, 2009

정조,『(국역)홍재전서』, 고전번역원DB

8장   200년 전의 세계인

박철상,『세한도−천년의 믿음 그림으로 태어나다』, 문학동네, 2010

──,『서재에 살다』, 문학동네, 2014

藤塚鄰,『추사 김정희 또 다른 얼굴』, 박희영 옮김, 아카데미하우스,
    1994

9장　대한제국기 항일 언론을 함께 한 지강의 동지

노관범, 「1875~1904 박은식의 주자학 이해와 교육자강론」, 『한국사론』 43, 2000

――, 「청년기 장지연의 학문 배경과 박학풍」, 『조선시대사학보』, 2008

박찬승, 『한국근대정치사상사연구』, 역사비평사, 1992

신용하, 『박은식의 사회사상 연구』, 서울대학교출판부, 1982

윤병석, 『한국독립운동가의 문집과 자료집』, 선인, 2012

이상찬, 「을사조약 반대상소와 5대신의 반박상소에 나타난 을사조약의 문제점」, 『한국근현대사연구』 64, 2013

전수연, 「'이집트' 오페라 아이다 속의 제국주의들」, 『역사학보』 112, 2011

천관우 외, 『위암 장지연의 사상과 활동』, 민음사, 1993

최혜주, 『창강 김택영의 한국사론』, 한울아카데미, 1996

10장　역사 속의 인연과 악연 사이

김도훈, 「박용만, 미대륙의 항일무장투쟁론자」, 『내일을 여는 역사』 28, 2007

박걸순, 「沿海州 韓人社會의 갈등과 鄭淳萬의 피살」, 『한국독립운동사연구』 34, 2009

방선주, 「朴容萬評傳」, 『在美韓人의 獨立運動』, 아시아문화연구소, 1989

申世羅, 「鄭淳萬의 생애와 민족운동」, 『한국근현대사연구』 25, 2003

이덕희, 「이승만과 하와이 감리교회, 그리고 갈등: 1913~1918」, 『한국기독교와 역사』 21, 2004

정병준, 「윤병구·이승만의 시오도어 루스벨트 면담외교의 추진과정과 그 의미」, 『한국사연구』 157, 2012

――, 『우남이승만연구』, 역사비평사, 2005

조규태, 「박용만이 중국에서외 민족운동」, 『한국민족운동사연구』 45, 2005

주진오, 「청년기 이승만의 언론·정치활동 해외활동」, 『역사비평』

1996. 5

최영호, 「박용만—문무를 겸비한 비운의 민족주의자」, 『한국사시민
　　강좌』 47, 2010

한규무, 「정순만론」, 『한국기독교사연구』 22, 1988

─── , 「을사조약 전후 상동청년회의 민족운동과 정순만」, 『중원문
　　화연구』 16·17, 2011

지은이

강문식 ___ 숭실대학교 사학과 교수. 저서 『권근의 경학사상 연구』 『종묘와 사직』(공저) 『왕과 아들』(공저), 논문 「『치평요람』 사론을 통해 본 집현전 관인의 정치관」 외 다수.

강혜선 ___ 성신여자대학교 국어국문학과 교수. 저(역)서 『정조의 시문집 편찬』 『나 홀로 즐기는 삶』 『한시 러브레터』 『유배객, 세상을 알다(김려 산문선)』, 논문 「조선 후기 유배 한시의 서정성—시 양식에 따른 서정의 표출 방식을 중심으로—」 외 다수.

고연희 ___ 성균관대학교 동아시아학술원 동아시아학과 교수. 저서 『고전과 경영』 『조선시대 산수화』 『그림, 문학에 취하다』 『화상찬으로 읽는 사대부 초상화』, 공저 『명화의 탄생, 대가의 발견』 『비교와 연동으로 본 19세기 동아시아』, 논문 「식물이미지의 정치성」, 외 다수.

노관범 ___ 서울대학교 규장각한국학연구원 교수. 저서 『고전통변』 『기억의 역전』, 논문 「'개화와 수구'는 언제 일어났는가?」 「한국 통사로 보는 '실학'의 지식사 시론」 「조선말기 유신 개념의 역사적 이해」 외 다수.

박철상 ___ 한국문헌문화연구소장. 저서 『세한도』 『서재에 살다』 『나는 옛것이 좋아 때론 깨진 빗돌을 찾아다녔다』 『인장대왕 정조』, 역서 『서림청화』, 논문 「신발굴 추사 김정희 연행자료 삼종의 의미」 「자하 신위의 연행과 옹방강의 영향」 외 다수.

박현순 __ 서울대학교 규장각한국학연구원 교수. 저서 『조선후기의 과거』, 공저 『조선 서원을 움직인 사람들』 『성균관과 반촌』, 논문 「16~17세기 예안현 사족사회 연구」 외 다수.

송웅섭 __ 총신대학교 역사교육과 조교수. 공저 『고려에서 조선으로』 『한국사, 한 걸음 더』 『16세기, 성리학 유토피아』, 논문 「기묘사화와 기묘사림의 실각」, 「조선 초기 '공론'의 개념에 대한 검토」 외 다수.

원재린 __ 연세대학교 국학연구원 연구교수. 저서 『조선후기 星湖學派의 學風 연구』 『(譯註) 桐巢漫錄』 『(譯註) 臨官政要』, 논문 「星湖僿說과 당쟁사 이해」 외 다수.

윤대원 __ 서울대학교 규장각한국학연구원 객원연구원. 저서 『상해시기 대한민국임시정부 연구』 『데라우치 마사다케 통감의 강제병합 공작과 한국병합의 불법성』 『21세기 한·중·일 역사전쟁』, 논문 「일제의 김구 암살 공작과 밀정」 「대한민국임시정부의 3.1절 기념과 3.1운동 인식」 외 다수.

이성임 __ 서울대학교 법학연구소 객원연구원. 공역 『국역 묵재일기, 원문표점 묵재일기, 묵재일기 인물사전』(1~6), 공저 『해주일록, 20세기 영남 유림의 삶과 시대인식』, 논문 「16~17세기 일기의 傳存양상」 「16세기 安峰寺의 寺刹雜役考」 외 다수.

조선 사람들의 동행

ⓒ 규장각한국학연구원 2021

초판인쇄	2021년 7월 9일
초판발행	2021년 7월 16일

엮은이	규장각한국학연구원
펴낸이	강성민
책임기획	박현순
편집장	이은혜
마케팅	정민호 김도윤
홍보	김희숙 김상만 함유지 김현지 이소정 이미희 박지원

펴낸곳	(주)글항아리	출판등록 2009년 1월 19일 제406-2009-000002호

주소	413-756 경기도 파주시 회동길 210
전자우편	bookpot@hanmail.net
전화번호	031-955-8891(마케팅) 031-955-2670(편집부)
팩스	031-955-2557

ISBN	978-89-6735-923-2 03900

이 책의 판권은 규장각한국학연구원과 글항아리에 있습니다.
이 책 내용의 전부 또는 일부를 재사용하려면 반드시 양측의 서면 동의를 받아야 합니다.

＊이 저서는 2008년 정부(교육과학기술부)의 재원으로 한국연구재단의 지원을 받아 수행된 연구임.

잘못된 책은 구입하신 서점에서 교환해드립니다.
기타 교환 문의 031-955-2661, 3580

geulhangari.com